¿Hacemos pan?

¿Hacemos pan?

ALMA OBREGÓN & IBÁN YARZA

ÍNDICE

Quiero dedicar este libro a la pequeña Tris, que tristemente nos dejó
antes de que se publicara, y a la que el mero olor a pan la volvía
absolutamente loca. Sé que desde el cielo de los perros será feliz
al ver que hay un libro de pan enteramente dedicado a ella.
Mi dedicatoria se extiende también al amor de mi vida, Lucas,
y a mi pequeña gatita loca Pinky. Os quiero.

ALMA

A Casandra, mi compañera, mi pan.

IBÁN

INTRODUCCIÓN

¡Hola!

Sea cual sea la razón por la que este libro se encuentra en tus manos, estamos felices de que lo estés leyendo. Puede que sea porque te gustó mucho el libro *Pan casero* de Ibán (¿a quién no?), o porque Alma ayudó a que pusieras por primera vez las manos en la masa... Quizá sea porque te han chivado que en este libro salen los Bollos preñados de Nutella, de los que tanto presume Alma o, porque te tiene cautivado el entusiasmo de Ibán por el pan en las redes sociales. En cualquier caso, y tanto si ha sido un regalo como si lo has comprado por error (pensando que era un libro de Ana Obregón o una novela ilustrada de arte y ensayo), ambos autores estamos emocionados de que leas estas palabras y de que en breves instantes vayas a introducirte de lleno en el maravilloso mundo del pan.

Porque, precisamente, para eso lo hemos escrito, para que hagas pan y disfrutes de cada miga. En él os explicaremos cómo hacer pan en todas sus versiones y para todos los públicos: ultrasupermegafácil, con un poco más de enjundia, dulce, salado, con frutas, de colores, a la sartén, al horno, solo, acompañado... Pero, sobre todo, intentaremos inspirarte y quitarte el miedo a hacerlo, no temer al horno, a las fermentaciones, a las amasadoras o a nuestras propias manos amasando. Que trates de experimentar, de arriesgar, de viajar por el mundo sin salir de la cocina, descubriendo nuevas texturas y sabores, de cómo transformar algo sencillo en algo mágico, de disfrutar y de soñar. Pero, ante todo, con este libro queremos conseguir que, como a nosotros, se te contagie la pasión del panadero casero. Queremos que pronto te preguntes cómo has podido estar tantos años sin encender el horno. Queremos que llegue un día en que ya no te conformarás con cualquier pan comprado, porque lo tendrás recién hecho y delicioso en tu cocina. Queremos que descubras todo lo que este «sencillo» alimento, con el que todos hemos crecido y nos hemos alimentado, oculta en su interior.

Hemos dividido el libro en varias secciones: «panes fáciles» (para que te sueltes), «panes bonitos» (para que el pan seduzca y te seduzca), «panes para compartir» (no hay nada mejor que compartir pan o regalar pan), «sanos, ricos y llenos de color» (panes con ingredientes tan ricos como saludables) y, finalmente, «panes de toda la vida» (elaboraciones que te encantan, en algunos casos con sorpresas alucinantes). Y, por si fuera poco, en el apartado «Doctor Pan» te resolvemos todas las dudas que te puedan surgir. Esperamos que disfrutes tanto de estas páginas como nosotros hemos disfrutado al crearlas, y que hornees mucho, ya sea solo, en pareja, en familia o con amigos. Hace años que habíamos soñado con juntar lo mejor que puede aportar cada uno y hacer un libro para todos los públicos, en el que hemos puesto todo nuestro cariño y entusiasmo. Estamos deseando ver cómo el mundo se llena aún más de panaderos caseros como nosotros.

ALMA e IBÁN

UTENSILIOS

Si has estado alguna vez en un obrador, tal vez te haya impresionado la maquinaria que se usa para hacer pan a gran escala: enormes y poderosas amasadoras, divisoras, formadoras automáticas, cámaras de fermentación, hornos voluminosos que no cabrían ni en el salón de tu vivienda. Por suerte, para elaborar pan en casa no necesitas nada de eso, y con las cosas que tienes a mano puedes hacer verdaderas maravillas. Si te gusta la cocina, o la repostería, seguramente dispondrás de más utensilios de los que te imaginas. En cualquier caso, para hacer pan se necesitan pocas cosas. Vamos con las más importantes:

Tus manos. Nada sustituye a la delicadeza, energía, destreza y control de tus manos. Ellas son amasadora, formadora, divisora, boleadora y termómetro, y calibran como ningún otro instrumento lo que está experimentando tu masa. Empléalas con varios aliados: un poco de aceite o agua para los pliegues durante el amasado evitarán que la masa se te pegue a las manos. En cambio, al formar lo mejor es usar un poco de harina para tenerlas siempre secas. Y si te agobia mucho pringarte, siempre puedes iniciar el amasado con una cuchara de madera y después pasar a las manos, cuando vaya tomando forma.

Boles. Lo mejor para mezclar, guardar, transportar, fermentar... Pueden ser de cualquier material: plástico, cristal, metal, madera, etc. Y lo bueno es que, además, puedes servir en ellos la sopa o la ensalada. Para hacer pan, el complemento perfecto para un bol es una tapa hermética, que a veces viene incluida, pero tú mismo puedes hacer una casera con un poco de papel film o bien con el típico gorro de ducha que facilitan los hoteles (coleccionalos, serán de gran ayuda).

Rasqueta. El mejor aliado del panadero casero. Te recomendamos que te hagas con una. Con ella puedes manipular las masas sin que se te peguen a las manos, rebañar bien los boles, etc. Si no, una espátula también ayudará. Pero es de las pocas cosas que te aconsejamos: cómprate una rasqueta, en serio. ¡Es muy barata y resulta una gran inversión!

Cucharas de medida. Son muy útiles para pequeñas cantidades cuando la balanza no tiene la precisión necesaria. Además, ¡nunca se les acaban las pilas! No son algo aleatorio: la cucharadita es de 5 ml, y la cuchara de sopa, de 15 ml. Y no, no vale usar la cuchara de postre ni la cuchara del set de cubertería de Ikea. Probablemente ni una tendrá 5 ml ni la otra 15 ml.

Balanza. Una buena báscula de cocina es de gran ayuda para evitar uno de los errores más típicos: los fallos al pesar. Medir con una jarra el volumen es una solución, y es efectiva, pero una balanza, especialmente si es digital, siempre ofrece mayor precisión. Puedes acostumbrarte a pesar cosas como líquidos y huevos; verás como tus recetas salen mejor.

Amasadora. No es necesario que te compres una amasadora para hacer pan. Alma tiene una, Ibán no, y ambos elaboran un pan muy rico. Bueno, Alma tiene tres, pero eso ya es otra historia... Puede que sea una pequeña adicción. Si la tienes, recuerda siempre que la amasadora genera rozamiento, y tiende a calentar las masas y castigarlas si la utilizas a velocidades muy altas o tiempos muy largos. Por eso, no dudes en aprovechar las velocidades bajas, aunque poner la batidora a tope mole mogollón. En verano, para evitar que se recalienten las masas, puedes usar agua de la nevera. Si hace mucho calor, puedes incluso enfriar la harina metiéndola la víspera en la nevera. Y recuerda que para las masas de pan usaremos los ganchos.

Bandeja metálica. Para que los panes crezcan en el horno, consigan más volumen y una buena corteza, es importante que durante la primera mitad de la cocción haya humedad en el horno. Una manera sencilla y efectiva de conseguirlo es colocar en la base una bandeja de metal y verter en ella un gran vaso de agua justo al comienzo de la cocción; mejor aún si el agua está muy caliente. Pasada la primera mitad del tiempo, retira con cuidado la bandeja para que el resto de la cocción sea seca y así obtendrás una buena corteza.

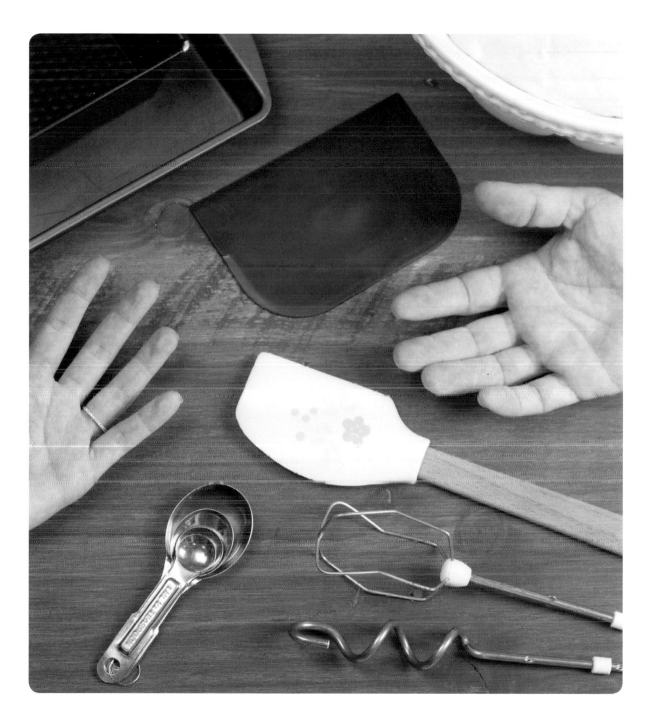

Moldes. Algunas recetas del libro indican los moldes más adecuados para contener la masa durante la cocción. Es un buen truco para masas muy líquidas o para conseguir una forma determinada, como en el caso del pan de molde. Tanto Alma como Ibán somos amantes del metal... (y no nos referimos al *heavy metal*): los moldes de silicona no transmiten bien la temperatura, y precisamente al hacer pan lo que queremos es que la temperatura viaje a gran velocidad (piensa que existen manoplas de silicona para evitar que te quemes al sacar cosas del horno; ¿no es esto una pista?). Los moldes de silicona dan casi siempre resultados gomosos y húmedos; mejor, pásate al metal. A los moldes de metal. Tus panes subirán más deprisa y se dorarán mucho mejor.

INGREDIENTES

Para hacer pan no necesitas mucho más que harina y agua (¡piensa que en Baleares, Cerdeña o Toscana ni siquiera ponen sal en el pan!). Tal vez en esto consista la magia: poder elaborar algo tan sublime con ingredientes tan sencillos y baratos. Y quizá por ese motivo las variables son prácticamente infinitas, así que hay que conocer bien los ingredientes y darles el mejor uso posible. Aquí te presentamos los ingredientes básicos del pan y cómo usarlos, pero en otras páginas de este libro descubrirás que en realidad no hay límite de recursos; ¡las variedades de pan son infinitas!

Harina. En nuestra cultura, la harina blanca de trigo es el ingrediente principal de la mayoría de los panes. Podemos distinguir entre tres categorías de harina de trigo, según la fuerza que dé a la masa, una característica variable que será interesante conocer para usar la harina más adecuada en cada caso. Según este baremo, tenemos harina floja, intermedia (panificable) y de fuerza.

- La **harina floja** es la típica de pastelería o repostería, se usa normalmente para hacer bizcochos, galletas, etc. Puedes hacer pan con ella, pero tal vez se quede un poco corto en volumen y miga. Contiene menos del 10 % de proteína.
- La **harina panificable** es con la que se hace la gran mayoría del pan que comemos. Es una harina que da estructura, volumen, esponjosidad, pero sin comprometer el comportamiento de la masa. Contiene un 10,5-11,5 % de proteína.
- La **harina de fuerza** tiene más gluten y da una masa con más músculo, lo que es interesante en bollería, cuando la grasa y el azúcar hacen que la masa pese; úsala también para fermentaciones más largas. Contiene más del 12 % de proteína.

En el súper de tu barrio, lo más frecuente es que encuentres harina floja y de fuerza. Mira la información en los paquetes y su cantidad en proteína, que formará el gluten. Si tienes estas dos harinas y quieres hacer una panificable, simplemente mézclalas, mitad y mitad.

Harina integral. Es la misma que la blanca, pero sin tamizar, con todo lo que la naturaleza ha puesto ahí para ti: el salvado, el germen. Tiene más sabor, es más nutritiva y hace que el pan sea un poco más denso y jugoso, lo cual es maravilloso.

Agua. Es lo que amalgama el pan y comienza el proceso de la fermentación. No importa de dónde saques el agua (del grifo, de la botella, de un pozo, etc.), lo importante es lo que hagas con ella. Sigue las indicaciones (¡y las fotos!) sobre las cantidades, y no temas porque en algunas recetas la masa se pegue un poco a las manos.

Levadura de panadería. Está compuesta por unos organismos muy pequeños, invisibles (hongos), que tienen la capacidad de producir gas al fermentar y, así, hinchar la masa. No debes confundirla con la levadura química (Royal). La levadura fresca viene en dos formatos: en un taquito que se guarda en la nevera, y la seca, en sobres. Si la receta pide levadura seca y utilizas fresca, debes poner siempre el triple de cantidad; y, a la inversa, si te pide levadura fresca y estás usando levadura seca, pon solo un tercio del total (3 g de levadura seca = 9 g de levadura fresca, por ejemplo).

Levadura química (tipo Royal). Aunque la llamemos así, no es levadura en el sentido biológico de la palabra. Es una formulación química que hace que algunas masas (panes rápidos) se llenen de gas y se hinchen. Es la más usada en repostería. Cuidado, la levadura no es intercambiable por el bicarbonato. Mientras la levadura es una combinación de ácido y base que reaccionan ante la humedad y el calor generando gas, el bicarbonato es mucho más potente y no contiene el componente ácido, pero lo requiere para activarse y también para neutralizar su regusto químico. Así que cuando una receta pida levadura no eches bicarbonato, y viceversa.

Sal. No solo da sabor al pan, sino que mejora su corteza, le da estructura y aumenta su conservación. Sigue las indicaciones de las recetas; puedes reducir su cantidad si te apetece.

PANES FÁCILES

Pan en cazuela

Pan de chocolate y naranja

Pan integral con frutas y frutos secos

Pan de soda de comino

Pitas

Hogaza sin gluten

HACER PAN
EN CASA

Hacer pan es mucho más fácil de lo que creen muchas personas. Si tienes en cuenta unas cuantas ideas básicas puedes hacer el mejor pan que hayas probado nunca. Olvídate de todo lo que has oído o leído; estamos en el siglo XXI y tenemos grandes aliados como la nevera, las amasadoras, los boles con tapa, el papel film, hornos de fácil manejo y lectura precisa, tantas cosas que nuestras abuelas ni siquiera podían soñar. Hacer pan hoy es un placer, no una carga pesada, y con estas recetas descubrirás que, además, es divertido e ¡incluso adictivo! En el momento en que empieces ya no podrás parar, y comprobarás que todos tus miedos eran infundados. Aquí están nuestras recomendaciones para elaborarlo y no morir en el intento.

Haz que la masa se adapte a tu horario y ritmo de vida. Esto es lo más importante; a veces la gente se frustra porque el pan los esclaviza y aburre. ¿Te preguntas qué demonios hacer durante el tiempo de espera? ¿Te parece imposible compaginar los tiempos de fermentación con tu horario de trabajo o tus pasatiempos favoritos? Muy fácil: sé tú quien decida los horarios. En el libro encontrarás bastantes recetas que se hacen en un pispás y que te proporcionarán panes deliciosos en menos que canta un gallo. Además, descubrirás que la mayoría de las recetas un poco más largas del libro las puedes hacer a varias velocidades, añadiendo más o menos levadura, lo que hará que el proceso sea más rápido o más lento, o bien recurriendo a la nevera para retardar los procesos de fermentación y poder así preparar los panes de un día para otro.

Usa la nevera. Imagínate la paradoja: tras más de tres mil años de panaderos que tenían como primer mandamiento el calor, que la masa no se enfriara, en el siglo XX empezaron a usarse neveras en las panaderías, y el cambio fue increíble: ¡Gracias al frío fue posible elaborar un nuevo pan! Como te adelantábamos anteriormente, al introducir la masa en la nevera, el frío hace que el proceso vaya más lento, hasta casi detenerse, por lo que puedes preparar un pan de víspera y sacarlo al día siguiente, cuando mejor te venga, por la mañana o por la noche. Y el resultado será fantástico en ambos casos. Vale, no lo sabías, pero si en tu cocina hay una nevera, quiere decir que tienes en casa lo último en equipamiento de panadería, así que ¡úsalo!
Posdata: Acuérdate de que las neveras secan mucho la masa, así que asegúrate de que esta esté bien aislada, envuelta en papel film o con una tapa hermética. Olvidar ese pequeño detalle hará que se forme una costra bastante fastidiosa.

No amases, deja que la masa repose. Tal vez tengas una amasadora; en ese caso, úsala para las masas de pan con el gancho para masa. Te ahorrará tiempo y trabajo, aunque también renunciarás a la oportunidad de ejercitar tus brazos. ¡No todo van a ser alegrías! Eso sí, cuidado con la amasadora: ponla siempre a velocidades lentas para no calentar la masa y deteriorarla. Pero si no tienes amasadora, no es un inconveniente. Todas las recetas de este libro, como verás en los desarrollos paso a paso, pueden hacerse con las manos y con un gran aliado además: el tiempo. Un secreto que conocen los panaderos es que el tiempo amasa, así que en lugar de ponerte a amasar a lo loco y mancharte las manos mientras luchas por evitar que la masa se pegue a la mesa, date un respiro y deja que repose. El tiempo obrará a nuestro favor. La mayoría de los panes del libro los puedes sacar adelante plegando la masa 2 o 3 veces a intervalos de 15 minutos. Es fácil y sencillo: la masa se amasa sola y los panes quedan esponjosos como por arte de magia.

Huye de los tópicos. Tal vez hayas oído frases respecto a la elaboración del pan. Hay algunas muy comunes: echa harina hasta que la masa no se te pegue a las manos; usa agua tibia; solo se puede hacer buen pan con masa madre, o que la dejes fermentar hasta que la masa haya doblado el volumen. Olvídalas. Con este libro aprenderás que hay masas que sí se tienen que pegar a las manos para que la miga sea más esponjosa, lo cual no nos importa ¡porque sabemos que no hay por qué amasar! Que no siempre el agua tiene que ser tibia, sobre todo si hace calor o si tienes amasadora, ya que esta calienta las masas. Que podemos hacer panes maravillosos sin necesidad de usar masa madre, ¡y en ocasiones incluso sin poner ni siquiera levadura! Y que hay masas que deben doblar su volumen, otras que deben triplicarlo y algunas que no crecerán mucho. Pero no debes preocuparte. Somos panaderos caseros, como tú; te lo explicaremos todo y lo verás en detalle con las fotos paso a paso.

Disfruta del camino. Hacer buen pan, como todo en esta vida, es un camino plagado de éxitos y fracasos (o no-tan-éxitos). Si algo no sale, ¡no te frustres! A todos nos ha pasado, y nos pasa. Lo importante es que poco a poco le irás cogiendo el truquillo y que llegará un día en el que podrás reírte de aquella vez que el pan te quedó tan duro que podrías haberlo usado como arma arrojadiza en caso de necesidad. Por si las moscas, y por si el camino es más duro de lo previsto, al final del libro encontrarás algunas ideas para aprovechar esos panes que no salen tan bien como esperabas o, sobre todo, para dar uso a todos esos experimentos que, aunque afortunados, ya no sabemos a quién diablos endosar. Porque tenemos que avisarte: el pan engancha, y llegará un momento en el que te pases el día esperando la hora en que por fin podrás encender el horno, y en el que tus amigos te cerrarán la puerta para evitar que les regales «los cuatro panes que hice ayer y que me quedaron buenísimos, pero que no me dará tiempo a comérmelos todos». Cuando eso suceda será que, por fin, y pese a tus miedos, la chispa del panadero casero habrá nacido en tu interior.

Y ahora, si te hemos convencido…, ¡vamos allá!

PAN EN CAZUELA

Sin amasado

Ibán

Uno de los mayores miedos de las personas que se ponen a hacer su primer pan es el amasado. No dominar la masa y que se pegue por todos lados puede resultar aterrador y generar una inseguridad que puede llevar a la frustración. Muy sencillo: no amases. Esta técnica de no amasado la puedes utilizar para prácticamente todas las masas de este libro (con la excepción de la bollería, en la que se retrasa el añadido de la grasa). Simplemente pliega la masa sobre sí misma un par de veces intercalando reposos y estará lista sin esfuerzo. Si esta técnica de pliegue y reposo la combinamos con la cocción en una cazuela de metal, el resultado es un pan fantástico, casero y fácil. Puedes usar cualquier cazuela metálica que no tenga partes de plástico (ni recubrimiento antiadherente).

Para cocer el pan sin cazuela: calienta el horno a 250 °C con la bandeja dentro y un recipiente de metal en la base. Cuando esté caliente, coloca el pan sobre papel de hornear y, ayudándote de una tabla o bandeja, desliza el pan y el papel sobre la bandeja del horno, que estará ya caliente. Después, echa un gran vaso de agua en el recipiente que está en la base. Esto creará una gran cantidad de vapor que permitirá al pan crecer y obtener una buena corteza. Pasados 20 minutos, baja la temperatura a 200 °C, retira el recipiente del agua y continúa la cocción otros 35 minutos.

— Ingredientes —

500 g de harina panificable
330 g de agua
10 g de sal
4,5 g de levadura de panadería
(1,5 g de la seca, ½ cucharadita)

Variaciones

Puedes cambiar la forma y hacer barritas con esta misma masa, añadir semillas o pepitas o chips de chocolate en la elaboración (se incorporan una vez acabados los pliegues del amasado). También puedes hacer pequeños bollos individuales de unos 50 g, gustarán a todo el mundo. Esta masa es estupenda para pizzas. En el paso 6 haz bolas de unos 300 g y congélalas. Tendrás masa lista en tu congelador para cualquier momento.

1. Como no vas a amasar, disuelve la levadura en agua para que se distribuya homogéneamente.

2. Mezcla todos los ingredientes con la mano o con una cuchara hasta obtener una masa pegajosa.

3. Pliega la masa. Son tres sencillos pasos. Primero, agárrala delicadamente sin apenas apretar.

4. Estírala con suavidad hasta notar cierta resistencia, como si tuviera una goma en el interior.

5. Finalmente, pliégala sobre sí misma. Gira el bol 90° y repite el pliegue. Espera 15 minutos y repite los dos pliegues, primero en un sentido y luego en el otro. Ya está.

6. Deja fermentar la masa durante tres horas a temperatura ambiente (cubierta con un plástico para que no se seque), o bien mete el bol en una bolsa y ponlo en la nevera hasta el día siguiente.

7. En ambos casos la masa se habrá hinchado y estará suave y esponjosa. Es importante no detener la fermentación antes de tiempo para que el pan tenga un gran sabor, aroma y conservación.

8. Coloca la masa sobre una mesa un poco enharinada y usa una finísima capa de harina en las manos para que estén secas durante todo el proceso, así la masa no se te pegará. Recuerda: la norma básica para manipularla es tener las manos secas.

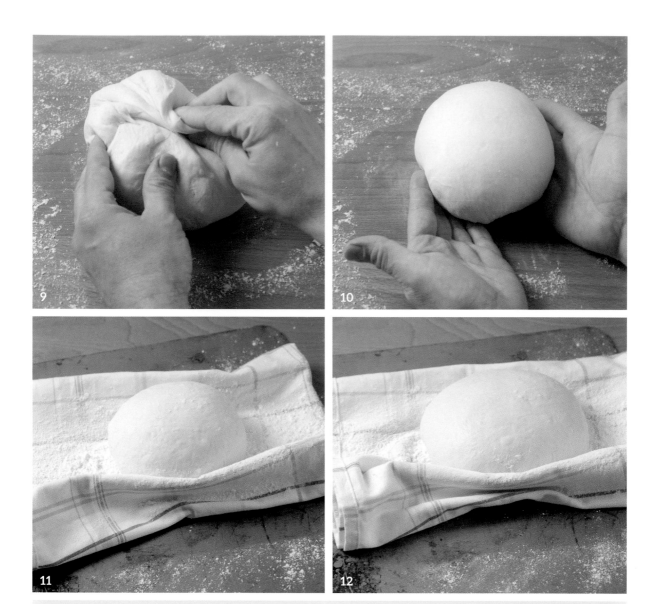

9. La masa estará relajada y suave. Recógela en un hatillo tirando de los bordes hacia dentro y creando un poco de tensión. De este modo, haces un paquetito bien tenso y te aseguras de que crezca más y mejor en el horno.

10. Voltea la masa: la parte lisa quedará hacia arriba y el recogido del hatillo hacia abajo. Mantén esa posición durante todo el proceso. Evita que quede harina debajo y hazla pivotar sobre su base, rotándola al tiempo que le das tensión.

11. Colócala con el recogido hacia abajo en un trapo bien enharinado. Pliega el trapo por los lados de la masa y usa un par de libros u objetos pesados para darle apoyo. Deja que fermente unos 60-90 minutos.

12. Pasado ese tiempo la masa habrá crecido, pero se notará aún elástica y volverá a su posición en un par de segundos si la aprietas con un dedo. Si fermenta demasiado, luego no crecerá en el horno.

13. Calienta el horno a 250 °C media hora antes de introducir la masa y coloca dentro la cazuela con su tapa para que se calienten. Pasado ese tiempo, saca la cazuela con unas manoplas (¡estará muy caliente!) y deposita la masa en el interior. Tápala y métela al horno durante 20 minutos.

14. Después, quita la tapa y cuece otros 35 minutos. Para obtener una corteza aún más crujiente (en sitios de clima húmedo o si te gustan las buenas cortezas), puedes sacar el pan de la cazuela y cocerlo fuera de ella otros 5 o 10 minutos.

15. Retíralo del horno, extrae el pan de la cazuela y deja que se enfríe sobre una rejilla antes de comerlo. Es muy importante no dejar el pan caliente sobre la mesa, ya que la base quedaría húmeda y gomosa.

16. Deja que se enfríe antes de abrirlo. El pan, como muchos otros productos, tiene una temperatura ideal de consumo, y en este caso es la de ambiente, bien reposado. No tengas prisa en abrirlo, durará mucho fresco.

PAN DE CHOCOLATE Y NARANJA

Sin amasado

Alma

La primera vez que oí hablar del pan sin amasado fue precisamente en un curso de Ibán. Recuerdo que me quedé alucinada: ¿en serio se podía hacer pan sin tener que amasar? No podía creérmelo. Yo, que llevaba un par de años hartándome a amasar cada vez que quería hacer pan. Yo, que me había gastado todos los ahorros en una amasadora porque ya no tenía ni fuerza en los brazos ni ganas de ponerme a amasar. Pues sí. Lo que dijo entonces Ibán en su curso es cierto: se puede hacer pan en casa fácilmente y sin amasar. Tan solo se necesita un poco de paciencia (y una nevera para que el pan fermente). Con esos dos ingredientes, se amasará solo. Prometido. Los pros de hacer esta receta son muchos: se mancha poco, se amasa poco, se trabaja menos. Los contras: ninguno. Es una receta bien sencilla que podéis hacer en casa con toda la familia y que además os va a permitir trabajar de primera mano con una masa fermentada sin el esfuerzo que supone amasarla. Solo hay que realizar antes unos pequeños pliegues en la masa, y después el pan hará su trabajo él solito en la nevera, de la que saldrá ya casi listo para el horno. ¡Ah!, no os perdáis al final las variedades: veréis cómo a partir de ahora no habrá excusa para que en vuestra casa falte pan recién horneado.

— Ingredientes —

385 g de harina panificable
125 g de harina integral
360-380 g de agua templada
2 cucharaditas de sal
½ cucharadita de levadura de panadería seca (1 ½ g)
un puñado de chips o pepitas de chocolate
cáscara de naranja confitada, al gusto

Otras ideas de relleno

• Sustituye el chocolate y la naranja por 3 cucharadas de semillas variadas. Después, al sacar la masa de la nevera y formar las dos bolas, píntalas con un pincel humedecido y espolvorea por encima más semillas. El aspecto será rústico.

• Utiliza otra fruta deshidratada de tu gusto (arándanos, pasas, manzana, frambuesas…) o incorpora frutos secos (nueces, avellanas…) en lugar del chocolate negro.

• En lugar de naranja y chocolate, incorpora un buen puñado de aceitunas negras en rodajas y 3 cucharadas de parmesano rallado. Delicioso.

1. En un bol grande, coloca la harina panificable, la harina integral, la sal y la levadura seca.

. . . .

2. Mezcla todo bien y añade 360 ml de agua. Remueve con una cuchara.

. . . .

3. Debe quedar una masa un tanto pegajosa. Si no es así, añade los 20 ml de agua extra.

. . . .

4. Sigue removiendo con energía hasta que no haya ningún grumo de harina seca.

5. Deja reposar la masa cubierta con papel film durante 5 minutos y, pasado ese tiempo, haz un primer pliegue en la masa: estírala (sin sacarla del bol) y pliégala sobre sí misma. Enharínate las manos si se te pega, pero no le añadas harina.

6. Repite esta operación al menos dos veces más: se trata de estirar cada vez de un lado de la masa y después plegarla en el opuesto. No tienes que hacer más, no amases ni hagas ningún experimento. Cubre de nuevo la masa.

7. Tras realizar el tercer pliegue, cubre la masa de nuevo con papel film. Si no vas a añadir chocolate y naranja, mete ya la masa en la nevera y salta directamente al paso 12. Si los quieres añadir, pica la naranja confitada en trozos pequeños.

8. A continuación, añade los chips de chocolate y la naranja confitada a la masa que has sometido a tres pliegues. Es normal si te cuesta un poco; incorpóralos con las manos y, a continuación, disponte a hacer de nuevo otros pliegues.

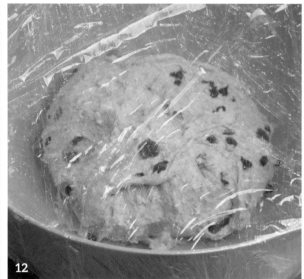

Más ideas de relleno

Si te gusta el queso, estás de suerte: omite la naranja y el chocolate e incorpora 2 cucharadas de queso rallado a la masa. Cuando el pan esté prácticamente listo dentro del horno, ralla un poco más de queso por encima y deja que se funda, procurando que no se queme. Espectacular. Si además añades nueces, ya es un vicio.

Para hacer un pan de tomate y albahaca, prescinde de la naranja y del chocolate y sustituye los 20 ml extra de agua por 2 cucharadas de pasta de tomate. Añade un puñado de albahaca finamente picada. Una delicia.

9. Realiza al menos dos pliegues más en tu masa para repartir bien el chocolate y la naranja.

. . . .

10. Si tienes a algún peque en casa, pídele que te ayude a hacer los pliegues; es muy divertido.

. . . .

11. Una vez hayas hecho los dos últimos pliegues, la masa estará lista para reposar.

. . . .

12. Cubre el bol con papel film y métardo en la nevera.

13. Al día siguiente, saca la masa de la nevera. Estará fría y recia. Espera unos 30 minutos hasta que vuelva a la temperatura ambiente. Vuélcala sobre una superficie enharinada para que no se pegue.

14. Divide la masa en dos y forma dos bolas iguales. También puedes darle otra forma que te guste más. En este libro encontrarás apartados dedicados tanto a ideas de formas como a ideas de corte.

15. Colócalas sobre una bandeja de horno y cúbrelas de nuevo con papel film. Déjalas reposar 1 ½ h en un lugar cálido. Después, precalienta el horno a 250 °C, y coloca una bandeja en la base para luego verter en ella un poco de agua.

16. Una vez esté bien caliente, corta una cruz en cada pan e introdúcelos en el horno, a la vez que echas medio vaso de agua sobre la bandeja que habías dejado dentro. Hornéalo 10-15 minutos a esa temperatura y luego 25 minutos más a 210 °C o hasta que esté listo.

PAN INTEGRAL DE FRUTAS Y FRUTOS SECOS

Sin amasado, ¡revuelto con cuchara!

Ibán

Un pan con un sabor bestial, con una textura bestial, pero con todos los beneficios de la harina integral y los frutos secos... ¡y sin amasar! Me encanta este pan de inspiración sueca porque el toque del cardamomo, unido a los aromas de una buena fermentación en la nevera, lo convierten en un pan único. Si a todo esto le sumas que su mayor dificultad consiste en revolver la masa durante un minuto con una cuchara (¡ni hay que saber formar!), puede llegar a convertirse en uno de tus panes favoritos, ¿no crees? O más bien se convertirá en uno de tus panes favoritos. No sería raro tampoco que lo adoptaras como una de esas fórmulas de confianza a la que recurrir cuando tienes un compromiso y quieres quedar bien, aunque sea a diario con tu pareja o tu familia...

En Escandinavia son habituales los panes de semillas y frutos con cantidades que harían empalidecer a más de un panadero del sur de Europa. Una de las ventajas es que puedes ser generoso con los ingredientes (no hay nada peor que un pan de frutos secos en el que tengas que ir buscándolos rebanada tras rebanada).

La humedad del centeno y el trigo integral, la jugosidad de las frutas y la larga fermentación en la nevera hacen que este pan dure fresco más tiempo del que tardarás en comértelo, toda una ventaja para la gente muy atareada: elaboras pan un día y tienes rebanadas frescas toda la semana. Otro punto a favor es que, como la masa es una especie de barro, no hay que saber formar, simplemente se mete en el molde... ¡No hay excusa para no prepararlo!

— Ingredientes —

Para 2 moldes rectangulares de unos 20 cm de largo

275 g de harina integral de trigo
150 g de harina integral de centeno
100 g de harina blanca de trigo
480 g de agua
30 g de miel de caña,
miel o azúcar moreno
12 g de sal

8 g de levadura de panadería (2,5 g de la seca,
1 cucharadita casi llena)
75 g de avellanas
75 g de nueces
150 g de higos secos
150 g de orejones
2 cucharaditas de hinojo molido

Variaciones

En lugar de meterlo en un molde, puedes hacer hogacitas independientes. Para ello, divide la masa en cuatro partes y con un poco de harina forma unas bolas que, debido a su humedad, acabarán cayendo por su peso hasta ser una especie de discos planos de masa densa; una presentación muy tradicional en la panadería nórdica.

Si no te gusta el hinojo puedes suprimirlo o sustituirlo por la especia que más te guste; grandes candidatos son el anís en grano, el hinojo y el cilantro seco. *Bonus points* para el jengibre, el clavo o lo que tengáis en casa.

1. Disuelve la levadura en agua y mezcla todos los ingredientes menos las frutas y los frutos secos.

2. Revuelve con la cuchara hasta que quede homogéneo.

3. Añade las frutas y los frutos secos y revuelve otra vez.

4. Pincela con aceite y espolvorea con harina dos moldes de unos 20-25 cm de largo.

5. Para hacer este pan no hay ni que amasar ni que formar. Simplemente rellena cada molde a cucharadas de masa hasta llenarlo a media altura.

6. Alisa la superficie con una cuchara mojada para que quede homogénea. Finalmente, espolvorea harina sobre el pan. También puedes usar semillas o copos de avena.

7. Puedes fermentar este pan a temperatura ambiente en unas 3 horas, pero es mucho mejor fermentarlo en la nevera y cocerlo al día siguiente. Para ello, mete cada molde por separado en una bolsa de plástico y deja que fermente media hora. Después, déjalos en la nevera hasta el día siguiente.

8. Para hornearlos, calienta el horno a 250 °C y, una vez caliente, cuécelos durante 25 minutos, con una bandeja con agua en la base del horno. Pasado ese tiempo, baja la temperatura a 200 °C, quita la bandeja de agua y cuece otros 35 minutos más. Desmolda los panes y déjalos enfriar antes de comerlos.

PAN DE SODA
DE COMINO

Alma

Imagina un pan que puedes preparar en menos de una hora. Un pan sin levadura, ni fermentación, ni casi amasado. Parece imposible, ¿verdad? ¡Pues no lo es! Existe toda una familia de panes que, bajo la denominación de «soda bread», se basan en el uso de la levadura química y bicarbonato sódico en lugar de la levadura de panadería, y que hacen innecesario esperar horas y horas para tener una hogaza recién horneada. Si, como a tantas otras personas que se inician en el mundo del pan, la idea de lanzarte a utilizar levadura fresca o masa madre te produce una serie de escalofríos que recorren tu espalda de arriba abajo, este es un buen modo de familiarizarte con el resto de los ingredientes que componen el pan y una manera perfecta de quitarte el miedo al horno. Te gustará saber, sin duda, que más allá de esta receta hay miles de variedades en esta familia, desde el pan de soda de harina integral tan popular en Irlanda hasta el pan navideño que se prepara en Serbia usando el mismo método. En este caso vamos a prepararlo de mi manera favorita, que incluye huevo para un toque extra de jugosidad y una especia que me tiene enamorada: el comino. Pero si tienes ganas de experimentar, al final te dejo unas ideas para que desarrolles otras variedades.

— Ingredientes —

330 g de harina floja (de repostería)
30 g de azúcar blanco
1 cucharadita de levadura química
½ cucharadita de bicarbonato sódico
1 cucharada de semillas de comino
½ cucharadita de sal

1 huevo mediano
170 ml de leche entera
un chorrito de zumo de limón
40 g de mantequilla fría,
en cubos

1. Vierte el zumo de limón en la leche y déjalo reposar 15 minutos. Así se genera un suero de leche casero que le dará un toque especial a nuestro pan, y que será el responsable de reaccionar con el bicarbonato para generar las burbujas de aire que lo harán subir. Añade el huevo y bate todo con unas varillas.

2. Reserva la mezcla de leche y huevo y, aparte, en un bol grande, mezcla la harina con el azúcar, las semillas de comino, la sal y la levadura química con la ayuda de unas varillas. Incorpora la mantequilla bien fría cortada en cubos.

3. A continuación, con ayuda de un amasador manual o un par de cuchillos, «corta» la mantequilla con los ingredientes secos hasta que el resultado recuerde a un plato de migas. Mediante este procedimiento se consigue que la textura de nuestro pan de soda sea perfecta.

4. Añade ahora el bicarbonato a la leche con el huevo y a continuación incorpora esta mezcla al bol de la harina. Mezcla con una espátula o una cuchara de madera hasta obtener una masa. Te resultará un poco grumosa: es normal.

5. Sigue mezclando y, mientras, precalienta el horno a 180 °C, arriba y abajo (con ventilador, 160 °C).

· ·

6. Haz una bola y colócala sobre una bandeja cubierta con papel de horno. Píntala con yema de huevo.

· ·

7. Con un cuchillo, corta una cruz en la superficie para que el pan se abra y quede bonito.

· ·

8. Hornea unos 30 minutos, o hasta que esté dorado y al pinchar con un palillo este salga limpio.

Variaciones

• En lugar de comino, añade un puñado de pasas y otro de nueces a la masa cuando, al final, estés mezclando todos los ingredientes.

• Para un sabor más potente utiliza tu vinagre favorito para cortar la leche, en lugar de limón.

• Sustituye el comino por romero y añade un puñado de higos secos troceados a la masa cuando mezcles todos los ingredientes.

• Cambia la mitad de la harina por harina integral y añade 50 g de cheddar rallado y 1 cucharadita de mostaza a la masa cuando, al final, estés mezclando todos los ingredientes.

PITAS

Alma & Ibán

Este pan plano de trigo es uno de los más populares en todo el mundo. Su principal característica es su cocción a muy altas temperaturas. Esto hace que se hinche como un globo y permita que la separación entre las capas de masa lo conviertan en el receptor perfecto de multitud de preparaciones. Solo hay que cortar un lateral y ya tenemos un bolsillo que rellenar de delicias. Entre las preparaciones más características que se asocian con el pan de pita se encuentran la taramosalata, el hummus, el falafel, los kebab o, por supuesto, en Grecia, el souvlaki. ¿Quién no ha disfrutado alguna vez de una pita con gyros? ¡Se hace la boca agua solo de pensarlo! Su origen se encuentra repartido entre la zona de Grecia, los Balcanes y Oriente Medio y es raro no encontrarlo ya en todos los supermercados. Hoy te vamos a explicar cómo hacerlo en casa (¡y ya nunca querrás volver a comprarlo!).

Cuando prepares las pitas en casa, lo más importante es ajustar la temperatura del horno y procurar que, al extender la masa con el rodillo, el grosor sea uniforme. De lo contrario, no se hincharán correctamente. Si tu horno no es muy potente, puedes incluso ponerlas directamente en la base, cubiertas con papel de hornear. En muchos países es tradición cocinar las pitas en hornos de leña, directamente sobre su base y con las llamas casi rozando los panes. Por cierto, no olvides conservarlas siempre envueltas en un paño desde el mismo momento en que salgan del horno. Si no, se secarán y perderán toda la gracia.

— Ingredientes —

Para unas 8 pitas o más, si son pequeñas

375 g de harina panificable
25 g de harina integral
250 g de agua
10 g de azúcar
5 g de sal
4,5 g de levadura de panadería fresca (1,5 g de la seca)

Ideas

Acompaña tus pitas de hummus casero. Solo necesitas un bote de garbanzos cocidos, 5-6 cucharadas de aceite de oliva virgen extra, 3 dientes de ajo, el zumo de un limón, 1 cucharada colmada de tahini y un poquito de sal. Colócalo todo en una batidora manual o de vaso y procésalo hasta que se haga puré. Ajusta la sal y añade pimentón dulce. Sírvelo acompañado con un chorrito de aceite de oliva virgen extra y un poco más de pimentón. Y pan de pita, ¡mucho pan de pita!

1. Mezcla todos los ingredientes en un bol y deja reposar 15 minutos.

· ·

2. Amasa 5 minutos, primero en el bol, luego sobre una superficie enharinada.

· ·

3. Coloca de nuevo la masa en el bol y cúbrela con papel film para que no se seque.

· ·

4. Deja reposar media hora. Aumentará su volumen casi hasta el doble.

5. Estará lista cuando al presionar con un dedo quede marcado, tal y como se ve en la imagen. En este momento hay que encender el horno; tendrás que ponerlo a 250-275 ℃. El calor es fundamental para que las pitas se hinchen.

6. Divide la masa en porciones de 80 g. Con una mano, gira cada trozo de masa sobre un eje imaginario hasta formar una bola uniforme.

7. Estíralas con un rodillo hasta que alcancen los 15 cm de diámetro (3-4 mm de grosor). Cocínalas a 250-275 ℃, y si no se hinchan, colócalas directamente sobre la base del horno. En 1-1 ½ minuto se hincharán; dales la vuelta, déjalas otro minuto, sácalas y ponlas en un paño para que no se sequen.

8. También puedes darles formas divertidas con moldes de galletas y dejarlas más tiempo en el horno para que salgan rígidas y se conviertan en un recipiente perfecto para ensaladas u otras delicias (crema de queso, salmorejo, hummus…).

HOGAZA SIN GLUTEN

Sin amasado

Ibán

En nuestra cultura el trigo es el rey de los cereales; por un lado, tiene un sabor fantástico y, por otro, contiene una sustancia proteica llamada gluten que forma esas migas esponjosas que nos encantan. Sin embargo, hay mucha gente a la que le gustaría comer pan con gluten, de trigo, de centeno, etc., y no puede. Para obtener migas esponjosas sin la presencia de gluten existen varias estrategias. Puedes aumentar la cantidad de agua de la receta, para lo que va muy bien hacer el pan en un molde (o en elaboraciones en que la masa es parecida a la del «pan de maíz tostado» de la página 146). También puedes echar agua hirviendo sobre parte de la harina (escaldarla) para mejorar sus cualidades plásticas. O bien usar alguna sustancia que aglutine la masa; algunas semillas, como el lino o, mejor aún, el psyllium (*Plantago ovata*) tienen grandes propiedades mucilaginosas, es decir, crean una especie de sustancia pegajosa capaz de dar estructura a la masa. Otra posibilidad es encontrar espesantes de cocina, como pectina, goma xantana, agar-agar, que cumplen el mismo objetivo. En esta receta te propongo dos alternativas muy comunes, cáscara de psyllium o bien xantana, para que consigas un pan esponjoso y apetecible. Otro recurso típico para obtener un pan sin gluten más esponjoso es no usar solo harina, sino introducir almidones, lo que aligera la masa. En cualquier caso, si haces este pan para un celíaco, asegúrate de que las harinas cumplen la estricta norma que garantiza que están libres de gluten.

— Ingredientes —

400-410 g de agua
75 g de harina de trigo sarraceno (o alforfón)
115 g de almidón de maíz (Maizena)
115 g de almidón de yuca (mandioca)
115 g de harina de arroz

10 g de aceite de girasol
8 g de sal
9 g de levadura de panadería fresca
(o 3 g de la seca)
12 g de xantana o cáscara de psyllium

Variaciones

Si reduces un poco la hidratación puedes hacer panecillos alargados. Sigue el mismo método y forma barritas con las manos mojadas, con mucha delicadeza. Usa el horno a la mayor temperatura posible. Meterlos en la nevera te permite prepararlos con varios días de antelación. Puedes dejar el pan en la nevera 3 o 4 días sin problemas, incluso más; ganará en sabor. Por supuesto, puedes introducir tus semillas o frutos secos favoritos.

1. Disuelve la levadura de panadería en agua para que se distribuya homogéneamente.

. . . .

2. Incorpora el resto de los ingredientes y revuelve un par de minutos. Deja reposar 20 minutos.

. . . .

3. Con las manos mojadas para que no se pegue, saca la masa del bol y forma una bola.

. . . .

4. Una vez formada, utiliza harina para manipularla y que no se pegue durante la fermentación.

5. Ferméntala colocándola dentro de un cesto. Si no dispones de un cesto de fermentación te puedes fabricar uno fácilmente poniendo un trapo dentro de un bol (¡así de sencillo!). Acuérdate de enharinar mucho el trapo; de lo contrario, la masa se le pegaría y resultaría un desastre.

6. Deja que la masa fermente ½ hora a temperatura ambiente y mete el cesto dentro de una bolsa o algún recipiente hermético. Recuerda que las neveras secan mucho; procura que la bolsa quede bien cerrada.

7. Al día siguiente (o 2 o 3 días más tarde, cuando mejor te venga), saca la masa de la nevera. Estará hinchada y muy delicada, trátala con cuidado. Enciende el horno y ponlo a 250 °C con la bandeja dentro y otra bandejita metálica en la base.

8. Vuelca el cesto sobre una hoja de papel de hornear. Dale 4 cortes al pan. Desliza la hoja sobre la bandeja del horno. Echa un vaso de agua en la bandejita. Tras 30 minutos, saca la bandejita y baja la temperatura a 210 °C. Cuece otros 35 minutos con ventilador. Déjala reposar mínimo 5 horas.

PANES BONITOS

Barritas fáciles en blanco y negro

Corona de pistacho y azahar

Bollos rosas al vapor

Trenza de Nutella

Espiral de tahini y miel

Grisinis

HACER CORTES Y DECORAR CON IMAGINACIÓN

El corte, una necesidad hecha virtud. El pan se hincha en el horno al llenarse del gas producido por la levadura, lo que hace que llegado un momento «rompa» la corteza para liberar ese gas acumulado. Con el tiempo los panaderos han aprendido que, si cortan el pan antes de que entre en el horno, la expansión durante la cocción es mayor, las piezas más grandes y esponjosas y el pan... ¡más bonito! Digamos que el corte hace que esta acumulación de gas tenga una «explosión controlada». Así que las generaciones de panaderos poco a poco aprendieron a cortar de diferentes maneras para que su pan fuera más esponjoso y bello. Cada panadero corta de una manera, y el corte constituye a veces su firma, pero hay que entender que no todos los panes se cortan igual. Aquí tienes unas cuantas ideas para que practiques hasta conseguir tu firma única e irrepetible.

Antes de empezar, hay que aclarar que lo más importante para que el pan crezca de manera predecible en el horno no es realmente cómo lo cortes, sino más bien el punto de fermentación: si ha fermentado demasiado, no crecerá en el horno y el corte no se abrirá (por muy perfecto que este haya sido); si ha fermentado muy poco, al entrar en el horno reventará sin control y la miga quedará densa y el pan muy pesado. Así que para muchos panes buscaremos ese punto intermedio en el que la masa esté esponjosa pero aún se sienta viva y tenga algo de elasticidad. En ese instante podremos prever que el corte tendrá el efecto deseado.

Por otro lado, para conseguir una bonita corteza y que el pan crezca a placer en el horno es esencial que haya vapor durante los primeros 15-20 minutos. Los panaderos caseros tenemos un truco sencillo: coloca una bandeja de metal vacía en la base del horno y, en el momento de introducir el pan, echa un gran vaso de agua y cierra el horno; esto creará vapor y permitirá que el pan crezca. Hazlo con cuidado para no quemarte con el vapor. Pasados esos primeros minutos, puedes retirar la bandeja para que la corteza quede crujiente al final.

Decoración. Además de con el corte, el pan puede decorarse con muchos otros elementos. Seguro que en tu casa hay multitud de cosas con las que dar un último toque a tu pan: desde copos de avena o cereales de desayuno a aperitivos fritos (¡¡con ganchitos puedes crear una cobertura crujiente e irresistible en tus bollos!!). Por supuesto, siempre cabe recurrir a las clásicas semillas, que quedan crujientes y sabrosas. Pero también puedes dar rienda suelta a tu imaginación y crear plantillas, usando el salvamanteles o cualquier cosa que tengas por casa; incluso, si tienes un poco de acetato, puedes recortar con un cúter tu diseño favorito, creando plantillas a tu voluntad. ¡Puedes poner tu nombre o alguna dedicatoria en el pan! Eso sí, para que muchas de estas decoraciones queden bien, asegúrate de que el pan fermenta mucho, para que no le quede fuerza para «estallar» y romper tu decoración.

1. Barra: para conseguir la tipica apertura de flama de una barra (se llama «greña») se corta con la cuchilla oblicua y los cortes son casi paralelos a la barra; aunque pueda parecerlo, recuerda que no son en diagonal.

2. Para masas algo más densas (integrales, con centeno), un corte que resulta precioso es realizar tres líneas paralelas en la superficie: al hornearlo creará unos canales que acaban dorados y crujientes.

3. El típico corte de cuatro canteros o de rombo es clásico en panes de pueblo y se hace con la masa ya bastante fermentada, cortando con el cuchillo a 90° sobre la masa. Sencillo y rústico, triunfa siempre.

4. Para panes que no vayan a «explotar» mucho en el horno, un corte en rejilla o damero es ideal. Además, cortar así es un truco buenísimo en los casos en que el pan ha fermentado demasiado: como no crecerá mucho, el dibujo quedará más vistoso. Si espolvoreas un poco de harina antes de cortar crearas una autentica obra de arte.

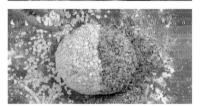

5. Para que las semillas queden bien pegadas y no se caigan puedes vaporizar el pan con agua, pincelarlo o bien pasarlo por un paño humedecido (incluso puedes sumergirlo en agua para que la cobertura de semillas sea perfecta, como si fuera una croqueta).

6. El típico corte en cruz es fantástico para aquellos panes a los que aún les queda un poco de fermentación, ya que las piezas abren de forma violenta y quedan espectaculares

7. Puedes crear plantillas con una cartulina y recortar formas geométricas, letras, paisajes, ¡lo que quieras! Para decorar usa harina, cacao, polvos de verduras secas, etcétera.

8. Mira a tu alrededor, seguro que hay muchas cosas que puedes usar como plantilla. Desde el tapete de ganchillo de tu abuela hasta un salvamanteles o algún artilugio de cocina (¡seguro que si te gustan las manualidades o la repostería no tienes mucha dificultad en encontrar o crear una plantilla preciosa!). Prueba a combinar colores, como una base de semillas de amapola decorada después con harina.

BARRITAS FÁCILES EN BLANCO Y NEGRO

Ibán

La barra es uno de los panes más comunes en nuestras panaderías, tal vez por eso es una de las formas que primero quiere dominar cualquier aficionado. Sin embargo, hacer una buena barra en casa requiere de un poco de práctica, sobre todo al darle forma y en el punto de fermentación. Bueno, eso era antes, hasta que nació esta receta, que lo hace sencillo y da resultados garantizados. Es buena, bonita y barata. Para que la experiencia de tus bocatas sea aún más inolvidable, hemos introducido una variación insólita: una barra negra con tinta de calamar. Imagínate un bocata de calamares con pan negro... El toque del aceite de girasol hará que la miga sea jugosa y la corteza sea fina, perfecta para un bocadillo.

Para que las barritas se expandan por el corte y abran la «greña», lo menos importante es cómo cortas; te recomiendo un cuchillo de sierra. Lo principal es el punto de fermentación. Huye de la idea de que las masas necesariamente tienen que doblar el volumen; muchas veces cuando la masa se ha hinchado demasiado antes de entrar en el horno, ya no le queda fuerza para explotar dentro. Así pues, intenta que la masa esté esponjosa, pero que responda un poco al tacto si la aprietas con un dedo. Otro aspecto esencial para que el pan se hinche es crear vapor durante la primera mitad de la cocción. Para ello, lo mejor es colocar en la base del horno una bandeja metálica con un gran vaso de agua muy caliente al tiempo que metes el pan. Esa humedad le permitirá crecer y adquirir una preciosa corteza. Sin humedad, el pan crecería menos, no se abriría tanto y quedaría mate y mustio.

— Ingredientes —

Para 4 pequeñas barritas, 3 medianas o 1 grande

400 g de harina panificable
215-230 g de agua tibia
20 g de aceite de girasol
8 g de sal
4 g de levadura de panadería fresca (1,5 g de la seca)

Opcional: para las barritas negras, añade unos
8 g de tinta de calamar a los ingredientes

Variaciones

Con esta receta y la misma técnica puedes hacer 4 barras de 165 g, o 3 de 220 g o bien 1 barrote enorme, impresionante. Puedes darles forma redonda, aplastarlas bien antes de que fermenten y convertirlas en bollos de hamburguesa. Puedes hacer también barras cubiertas con semillas; para ello, una vez formada la barrita sumérgela en agua por completo (sí, como un submarino) y pásala, como si fuera una croqueta, por un plato lleno de semillas; verás como no se despega ninguna. Eso sí, las semillas no deben ser tostadas (de lo contrario se quemarían y amargarían).

1. Mezcla los ingredientes hasta que quede una masa algo pegajosa. Déjala reposar 5 minutos.

. . . .

2. Para la versión negra, disuelve la tinta en el agua de la receta a fin de distribuirla bien.

. . . .

3. La masa negra es espectacular para panes de fiesta. ¿Y qué me dices de una pizza negra?

. . . .

4. Para amasarla, pliégala en tres pasos. Primero agárrala suavemente por arriba.

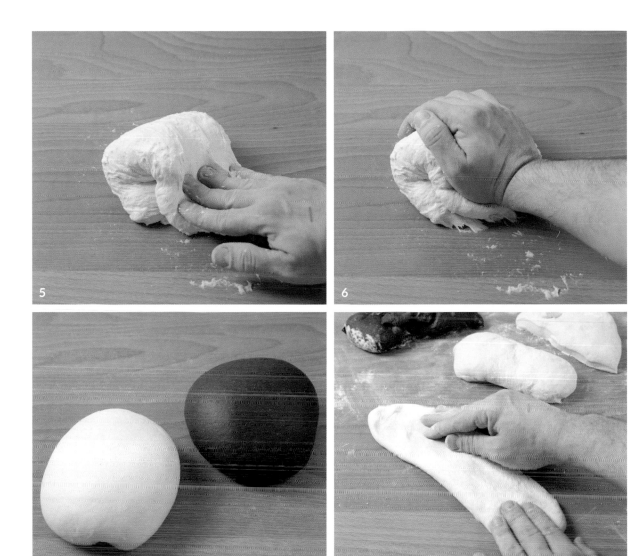

5. Después, con un gesto rápido pliégala sobre sí misma. No se trata de hacer un gran esfuerzo, sino de desarrollar el gluten con efectividad pero sin matarte con el esfuerzo. Es todo técnica, nada de fuerza.

6. Finalmente, hazla rodar sin hacer apenas fuerza, con la base de la palma de la mano, como si hicieras rodar un rodillo sobre la mesa. No te agotes amasando, recurre al reposo: amasa 30 segundos y reposa 5 minutos. Repítelo un par de veces y tu masa estará fina.

7. Tras el amasado con reposos, las masas quedarán finas y sedosas y no se pegarán. ¿Te has fijado en que no usamos harina para amasar? Respetamos la textura de la masa. A máquina, amasa unos 5 minutos. Deja fermentar las masas tapadas durante 1 ½ h.

8. Divide la masa en 3 piezas de unos 220 g (o en 4 de 165 g) y estíralas como si fueran lenguas. Si ves que la masa se resiste a que la estires, déjala reposar 10 minutos más.

9. Enrolla la masa haciendo un rulo bien prieto. Al enrollar, procura que la tensión en cada vuelta sea homogénea y que la masa quede firme.

11. Si te has animado con la opción de la tinta, la técnica para formar es la misma. Repite la operación con la masa negra: estirar hasta formar una lengua, enrollar y hacer rodar hasta que quede una barrita.

10. Finalmente, haz rodar el rollo de masa por la mesa, apretando levemente mientras rueda y estirándola hacia los extremos hasta obtener unos palos de unos 30 cm de largo. Puedes presionar un poco más en los extremos para sacar curruscos en forma de punta: quedarán más crujientes.

12. Enharina un trapo (preferiblemente que tenga el tejido tupido; no uses trapos de rizo de toalla) y coloca las barritas plegando el trapo de forma que se vayan apoyando unas con otras (en los extremos puedes poner un libro o un paquete de legumbres).

13. Déjalas fermentar una hora larga y, cuando las barras se hayan hinchado (pero aún respondan si las aprietas con el dedo y recobran su forma en un par de segundos), pásalas a una hoja de papel de hornear, separándolas entre sí al menos 5 cm.

14. Con un cuchillo de sierra (o una cuchilla de afeitar o un cúter) haz un corte longitudinal no muy profundo; se trata simplemente de desgarrar la superficie para indicarle al pan por dónde tiene que expandirse.

15. Calienta el horno a 250 °C con la bandeja del horno dentro y otra bandejita o recipiente metálico en la base. Desliza la hoja de papel con las barras sobre la bandeja del horno. Vierte un gran vaso de agua en la bandejita. Retírala a los 10 minutos y continúa la cocción otros 10 minutos.

16. Si quieres más corteza, puedes poner el ventilador poco antes de terminar. Por último, saca los panes y colócalos sobre una rejilla para que se enfríen antes de comerlos. Una vez fríos, puedes meterlos en una bolsa hermética y congelarlos.

CORONA DE PISTACHO Y AZAHAR

Alma & Ibán

A veces, un simple bocado sirve para hacernos viajar con los ojos cerrados; no es extraño que la comida, con sus sabores y aromas, nos transporte hasta espacios que ya no existen, como la niñez. En otras ocasiones, los matices de una masa, su fragancia y su miga, son capaces de crear un universo sin salir de la cocina. Hacer esta corona de pistacho y azahar es subir a la alfombra mágica y plantarse en la lejana ciudad de Isfahán, recorrer zocos llenos de especias y ver cómo charlan los vendedores de camellos sentados en un café. ¡La masa es el viaje más barato y grato que se pueda imaginar!

Cuando elaboramos masas con ingredientes especiales, a menudo nos conformamos con introducirlos en el relleno (nueces, pasas, pepitas de chocolate). Sin embargo, se puede ir más lejos y moler, licuar y prensar el ingrediente para añadirlo a la propia masa. En esta receta, los pistachos, molidos muy finos, son parte integrante de la masa y la dotan de un admirable matiz verdoso y un sabor profundo. De más está decir que procures encontrar los de mejor calidad. La miel y el agua de azahar acaban de redondear el conjunto; son tu pasaje para Oriente. La bollería tiene una característica especial que la distingue del resto de las masas: es festiva, ceremonial, ritual a veces. Por sus ricos ingredientes y sus bellas formas, masas como esta son inolvidables.

— Ingredientes —

Masa
300 g de harina de fuerza
80-90 g de leche
50 g de mantequilla
1 huevo (55 g)
30 g de azúcar
20 g de miel
1 cucharadita de agua de azahar
50 g de pistachos muy finamente molidos

3 g (½ cucharadita) de sal
9 g de levadura de panadería fresca
(3 g de la seca, 1 cucharadita)

Relleno
150 g de pistachos picados en trozos gruesos
30 g de azúcar
30 g de mantequilla
10 g de harina floja (de repostería)

1. Muele los pistachos pelados en un mortero o con un molinillo o un robot de cocina hasta dejarlos casi como una harina, y añádelos a la de la receta.

2. El pistacho no solo aportará una nota de sabor a la masa, sino que creará un fantástico tono verdoso. Procura que no queden trozos demasiado gruesos.

3. Mezcla bien todos los ingredientes, ya sea a mano o a máquina (si es con amasadora, hazlo a velocidades suaves para no calentar la masa ni castigarla innecesariamente). Al principio la masa será un poco pegajosa, pero enseguida se volverá manejable.

4. Amasa unos 5-7 minutos hasta que la masa esté fina. Notarás pequeñas partículas un poco más bastas a causa del pistacho. No te preocupes, es totalmente normal.

5. Déjalo fermentar tapado durante 1 ½ hora en un sitio tibio (no te pases de calor, pero evita lugares fríos). Al cabo de ese tiempo, la masa se habrá hinchado y estará relajada. También puedes optar por meterla en la nevera hasta el día siguiente y continuar entonces.

6. Elimina el aire de la masa aplastándola sobre la mesa (estará tan a punto que no será necesario ni que utilices harina). Y luego hazla girar sobre un eje imaginario para darle forma redonda, al tiempo que ejerces un poco de tensión.

7. Deja que la masa repose durante 15 minutos, y mientras tanto ve preparando el relleno. Junta todos los ingredientes y mézclalos en un bol, ya sea con la cuchara o a mano, hasta que obtengas una mezcla basta y jugosa.

8. Estira la masa con el rodillo hasta formar un rectángulo muy largo, de casi 1 metro de longitud y unos 20 cm de ancho. No tengas prisa. Empieza desde la mitad y estira hacia un lado; luego vuelve a la mitad y estira hacia el otro lado. Ve ganando superficie poco a poco.

9. Si ves que se resiste, déjala reposar 5 minutos. Finalmente, dispón el relleno de forma homogénea sobre la masa. Procura que no queden grandes huecos sin relleno. Si vives en un lugar muy seco, pincela uno de los lados largos con un poco de huevo; te ayudará a sellarla cuando la formes.

10. Puedes sustituir el relleno por los frutos secos que más te gusten, incorporar pasas, dátiles o tus ingredientes favoritos.

11. Enrolla la masa por su lado más largo. Intenta aplicar algo de tensión al hacerlo, para aprisionar bien todos los ingredientes y homogeneizar la masa. Al terminar obtendrás una especie de brazo de gitano largo.

12. Para trenzarlo, córtalo en dos longitudinalmente en toda su extensión. Quedarán dos mitades iguales que mostrarán varias capas con relleno; trénzalas un poco prietas. Para ello, comienza por un extremo y ve pasando sucesivamente un lado por encima del otro.

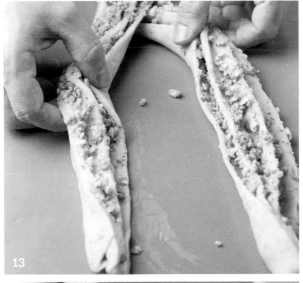

13. Intenta que el ritmo de nudos sea constante; conviene que su aspecto sea homogéneo.

14. Ponla sobre una hoja de papel de hornear; encaja el principio con el final para darle forma de corona.

15. Pincela la corona con huevo y cuécela unos 27-30 minutos a 180 °C.

16. Resiste la tentación de comértela hasta que se enfríe. Emplea ese tiempo en invitar a amigos.

Variaciones

La masa tendrá un toque delicioso con un poco de ralladura de lima, limón o naranja, o incluso con pequeños trocitos de limón o naranja confitada. El relleno admite unos buenos dátiles o pasas de Corinto, algo que le proporcione aún más jugosidad. Para acabar la pieza, puedes añadir tu glaseado favorito, desde un sencillo almíbar (que le dará brillo) a una glasa elaborada con azúcar glas y un poquito de zumo de limón. Esta pieza de bollería intenta inspirarte, así que cámbiala y dale la forma que más te guste.

BOLLOS ROSAS
AL VAPOR

Ibán

Si has comido alguna vez en un restaurante chino seguro que te ha llamado la atención que no sirvan el pan como en Occidente. Sin embargo, China es un país con una antiquísima tradición de pan; si bien allí, al igual que en muchos otros lugares de Asia, se entiende el pan de forma distinta. Lo más frecuente es que lo cuezan al vapor en vez de hacerlo en un horno. Esta técnica evita la corteza y consigue un bocado tierno y jugoso. Puedes servir estos bollitos en lugar de arroz para acompañar tus platos con salsa. Una forma de hacer que sean irresistibles es crear una espiral rosa. Dejarás a tus invitados boquiabiertos, hipnotizados. Para el color rosa puedes usar remolacha hecha puré, o bien zumo de arándanos, fresas u otros frutos rojos. Una técnica muy maja para que tus bollitos al vapor sean tiernos y esponjosos es el tang zhong. Tras ese nombre tan exótico se esconde algo tan sencillo como hacer una especie de bechamel ligera, que dará un toque jugoso y aterciopelado a la miga. Una vez que aprendas a hacerlo (y es de lo más fácil), podrás usarlo en el pan de molde y en bollería. Las migas quedarán fantásticas.

Otra de las claves para que los bollos sean muy tiernos es utilizar una harina muy floja, sin mucho gluten, porque daría una miga más gomosa. Así que este pan es el perfecto para usar esa harina del súper que pensabas que solo serviría para rebozar.

Para cocerlos puede servirte cualquier vaporera que tengas en casa (no es necesario que te traigas una de China). Si no dispones de una, puedes hacer un apaño con una olla grande y profunda y un colador.

— Ingredientes —

Para unos 15-20 bollos

Para el tang zhong
200 g de leche
40 g de harina floja (de repostería)

Masa rosa
180 g de harina floja (de repostería)
60 g de tang zhong
100 g de remolacha cocida hecha puré
(añade un poco más de agua
si la masa queda seca)
10 g de azúcar

2 g de sal
5 g de levadura de panadería fresca
(1,5 g si es seca)

Masa blanca
180 g de harina floja (de repostería)
160 g de tang zhong
10 g de azúcar
2 g de sal
5 g de levadura de panadería fresca
(1,5 g si es seca)

1. Para hacer el tang zhong, disuelve la harina en la leche fría y ponla en un cacito a fuego medio. Sin dejar de remover (mejor con unas varillas), espera a que la mezcla se caliente y se espese un poco. Retírala del fuego y cuando se enfríe ya puedes utilizarla.

2. Mezcla los ingredientes de la masa blanca. Será fácil de manipular, tierna y no especialmente pegajosa. Déjala reposar 5 minutos antes de amasar y resultará aún más sencillo.

3. Amásala sobre la mesa durante 5 minutos (o en una amasadora a la velocidad mínima). Es muy fácil. Se hace en tres pasos y no se requiere fuerza. Primero, sujeta la masa por el extremo superior.

4. Luego, pliégala sobre sí misma con un gesto rápido; no hace falta que hagas fuerza, se trata solo de desarrollar un poco el gluten.

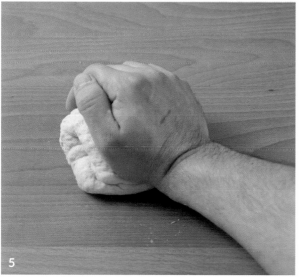

5. Finalmente, hazla rodar (sin apenas esfuerzo) con la base de la palma de la mano, como si fuera un rodillo, sobre la mesa. Repite la operación hasta que la masa esté fina, unos 5 minutos.

6. Para elaborar la masa rosa necesitarás remolacha cocida o asada. Trabájala con la batidora o el robot hasta que quede un puré fino. Un truco: puedes pasarla por el colador o el chino para eliminar los restos de pulpa bastos.

7. La remolacha dará a la masa un color hipnótico. No te desmayes aún. Es una masa que se vuelve adictiva al amasar. Da gusto trabajarla.

8. Una vez amasadas, las dos quedarán finas y tendrán una textura similar. Si ves que una se queda más seca, añádele un poco de agua. Déjala fermentar 1 hora en un bol tapado, para evitar que se seque.

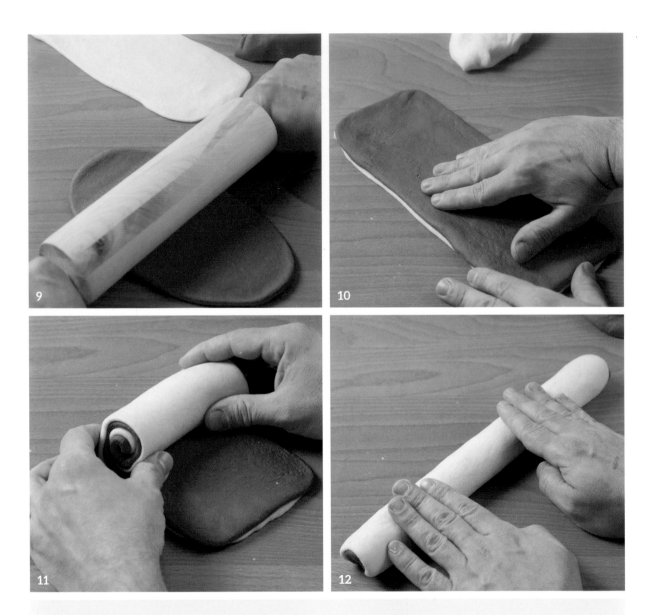

9. Divide cada bola en dos partes y estíralas con un rodillo hasta obtener cuatro lenguas de masa de unos 40 cm de largo por 10 cm de ancho, dos rosa y dos blancas.

10. Coge dos masas, una de cada color, y colócalas una sobre otra con cuidado de que sus tamaños, grosores y bordes coincidan de manera precisa. Con las dos lenguas de masa que te quedaban repite el proceso, pero alternando los colores, para que quede la combinación contraria a la anterior.

11. Con delicadeza, e intentando ejercer la misma tensión a toda la pieza, enrolla una masa sobre la otra, creando una especie de brazo de gitano bicolor.

12. Cuando tengas un rulo de las dos masas, espera 5 minutos y estíralo haciéndolo rodar, al tiempo que estiras hacia los extremos hasta que mida unos 40 cm de ancho.

13. Corta rodajas de masa de un par de centímetros cada una.

14. Pon las rodajas sobre cuadraditos de papel de hornear para que no se peguen a la vaporera.

15. Haz fermentar las espirales tapadas de 1 a 1 ½ hora.

16. Cuécelas unos 8 minutos y por último levanta la tapa poco a poco para evitar que se deshinchen.

TRENZA
DE NUTELLA

Alma

Creo que uno de los olores más maravillosos que conozco es el de la Nutella cuando se calienta en el horno. Esa mezcla de chocolate y avellana me produce el mismo efecto que el sonido de la campana en los perros de Pavlov. Debido a esta adicción, tiendo a preparar con Nutella todas las recetas que me gustan. Es el caso de esta trenza, que inicialmente preparé rellena de canela y pasas y que, en un día de locura y ansiedad por la famosa mezcla, probé a rellenar con Nutella. ¡El resultado fue que me enamoré! Lo mejor: la receta es muy sencilla, pero a la vez vistosa y deliciosa, y puede prepararse con amasadora o a mano. Los peques van a volverse locos ayudándonos en el amasado y después extendiendo el relleno por toda la masa. Por supuesto, podéis usar otros rellenos más ligeros y aromáticos, incluso frutales. Os dejo algunas ideas adicionales para repetir la receta infinitas veces. Mi recomendación es saborearla recién salida del horno, en cuanto se haya templado un poco, ya que está especialmente sabrosa. Acompañada de una buena cucharada de helado de vainilla, mejorará aún más.

— Ingredientes —

Masa
430 g de harina floja (de repostería)
7 g de levadura de panadería seca
20 g de azúcar
50 g de mantequilla
½ cucharadita de sal

1 huevo
180 g de leche

Relleno
Nutella

1. Calienta la leche junto con la mantequilla cortada en cubitos, el azúcar y la sal hasta que se funda la mantequilla ¡Cuidado, no debe hervir! Si se ha calentado demasiado, espera hasta que no queme al tacto, es fundamental. Retírala del fuego, añade el huevo y bate todo bien.

2. En un bol grandote (o en el bol de la amasadora) coloca la harina junto con la levadura seca. Incorpora los ingredientes líquidos a los secos y remueve primero con una cuchara (o con el gancho, si utilizas la batidora).

3. Si estás usando la amasadora, bate durante 5 minutos hasta obtener una masa elástica, suave y homogénea. Si estás amasando a mano, cuando empiece a ser manejable, trabájala con las manos.

4. Pasa la masa a la encimera, previamente espolvoreada con un poco de harina. Amasa unos minutos hasta que esté elástica, suave y homogénea.

5. Llegado a este punto, tanto si has usado amasadora como si has amasado a mano, déjala reposar en un bol previamente engrasado, en un lugar cálido, cubierta por un paño o con papel film, alrededor de 1 hora.

6. Transcurrido ese tiempo, la masa prácticamente habrá doblado su volumen. Enciende el horno a 180 °C y cubre una bandeja con papel de hornear. Ya puedes empezar a preparar la trenza.

7. Sobre una superficie enharinada, extiende la masa con el rodillo y forma un rectángulo de 45 x 30 cm. Es importante que quede muy fino, ya que luego vas a dejar que vuelva a fermentar; si ahora queda muy grueso la trenza será muy corta y rechoncha.

8. Extiende una fina capa de Nutella por encima, hasta cubrir todos los rincones. Si vas a usar un relleno alternativo, es el momento de ponerte manos a la obra. Recuerda que tiene que ser un relleno que soporte 180 °C.

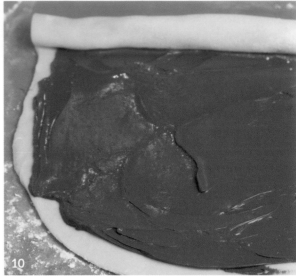

Otras ideas de relleno

En lugar de la Nutella, funde 80 g de mantequilla y pinta bien la masa. Espolvorea por encima 100 g de azúcar moreno mezclado con 1 cucharada de harina de almendra y otra de harina floja. Reparte 100 g de fresas y frambuesas por toda la masa y enróllala con cuidado para que queden repartidos por toda la trenza.

También puedes preparar una crema pastelera para rellenar esta trenza o utilizar el mismo relleno que en el pan de canela.

9. Extiende una fina capa; pide ayuda para ello a los peques de la casa si los hay.

. . . .

10. Empieza por un extremo a enrollar la masa sobre sí misma.

. . . .

11. Sigue enrollando la masa, dándole todas las vueltas posibles, hasta cerrarla sobre sí misma.

. . . .

12. Corta la masa por la mitad, longitudinalmente, sin llegar hasta el extremo superior.

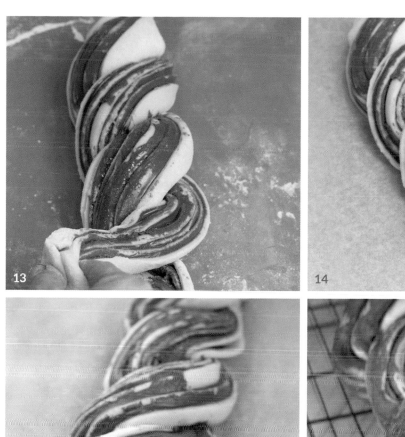

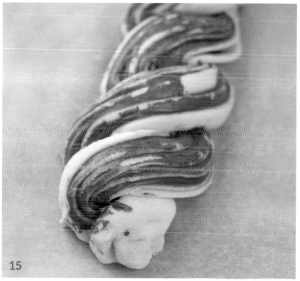

13. Dejando 2-3 cm de margen, trenza con cuidado las dos mitades, pasando primero el lado derecho sobre el izquierdo, y así sucesivamente.

14. Al llegar al final de la trenza, afianza bien la unión y pega los extremos con huevo batido para evitar que se separen durante el horneado. Yo suelo remeter la unión hacia dentro para que no se deshaga por el extremo.

15. Deja reposar la trenza unos 20 minutos más, ahora ya en la bandeja de horno definitiva, y cúbrela con papel film para que no se seque. Pasado ese tiempo habrá crecido un poco más y la masa estará bastante más gordita.

16. Finalmente, pincela la masa con leche o huevo batido para que se dore y hornea 20 minutos o hasta que al pinchar con un palillo salga sin restos de masa pegada. Déjala entibiar y sírvela aún caliente, acompañada de helado.

ESPIRAL DE TAHINI Y MIEL

Ibán

Jugosa, dulce y aromática, la primera vez que probé esta espiral en una panadería turcochipriota me dejó maravillado. En España existe una gran tradición de dulces que combinan almendra con miel. Es casi parte de nuestro ADN culinario, y no es raro que el sésamo (a mí me encanta la palabra ajonjolí) ande por ahí... Así que cuando pruebas la combinación de tahini y miel, piensas: «¿Y por qué no lo habré hecho antes?». Desde que la probé, la combinación tahini con miel es mi favorita para la tostada mañanera. En casa tomamos un tahini integral con un toque de sal que hace felices a las papilas gustativas. Para esta elaboración, usa el tahini que tengas a la mano. Una idea genial es ponerle un toque de agua de azahar o de rosas.

Normalmente, las masas que se estiran con el rodillo como esta no suelen ser terriblemente pegajosas ni húmedas, lo que haría el estirado más difícil y delicado. Se trata de una receta sencilla y muy agradable de trabajar. El relleno hará que la masa quede jugosa, y para que se conserve así puedes guardarla en una bolsa cerrada y pasarla por el horno o el microondas antes de servirla, no para calentarla, sino para entibiarla y permitir que los aceites dejen salir sus aromas.

— Ingredientes —

Para una espiral grande o 4 pequeñas

Masa
200 g de harina de fuerza
30 g de mantequilla
1 huevo (55 g)
55 g de leche
20 g de azúcar
2 g de sal
5 g de levadura de panadería fresca
(1,5 g de la seca)

Relleno
60 g de tahini
60 g de miel
10 g de aceite de oliva
½ cucharadita de agua de azahar
(opcional)

huevo y semillas de sésamo
para decorar

Variaciones:

Puedes añadir nueces o pistachos picados, y sustituir el tahini por mantequilla de cacahuete o crema de almendras o mermelada. ¿Chocolate? ¡Ni Alma ni yo diremos que no! Pica higos secos en trocitos y macéralos durante un día con un poco de licor o aguardiente; esto le dará un toque fantástico al relleno (no te preocupes, el alcohol se evapora en el horno). Si prefieres formar cuatro espirales pequeñas, antes del paso 8 divide la masa en cuatro partes iguales y continúa el proceso del mismo modo, pero con menos tiempo de horneado.

1. Mezcla los ingredientes de la masa, que quedará levemente pegajosa. Déjala reposar 10 minutos.

2. Amasa sobre la mesa en tres pasos. Primero, agarra suavemente la masa.

3. Después, pliégala con un gesto rápido y seco (pero no fuerte) creando un poco de tensión.

4. Por último, haz rodar la masa sobre la mesa con la base de la palma de la mano.

5. Repite el amasado durante 5 minutos, hasta que la masa esté fina (o bien con tres intervalos de 1 minuto de amasado y 5 minutos de reposo). Si utilizas la amasadora, vierte la leche fría y amasa unos 5-7 minutos a velocidad baja hasta que la masa esté fina. Deja que fermente 2 horas.

6. Mezcla la miel, el tahini y el aceite hasta obtener una pasta homogénea. Añade los aromáticos que más te gusten.

7. Al cabo de 2 horas, la masa estará hinchada, brillante y muy suave. Como para la mayoría de las masas, puedes usar la nevera para fermentarla toda la noche bien tapada y seguir el resto de los pasos al día siguiente.

8. La masa apenas será pegajosa, de modo que no tienes por qué abusar de la harina (pero úsala si ves que no trabajas a gusto). Pásala a la mesa y estírala con delicadeza hasta formar un disco.

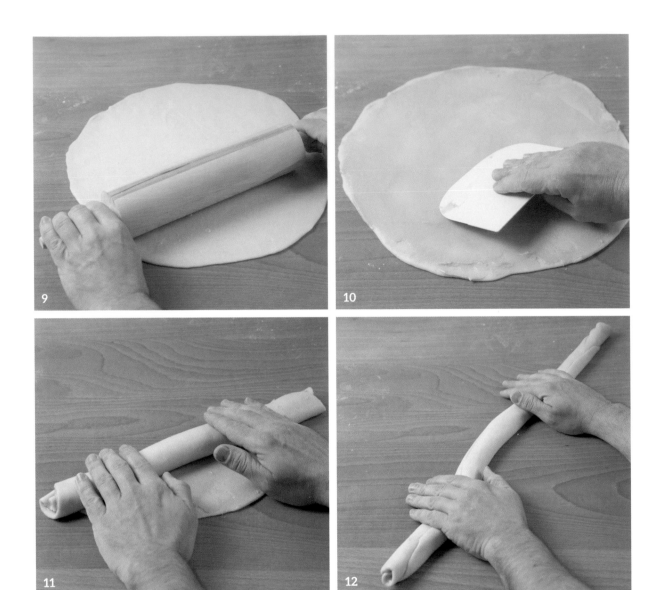

9. Estírala con el rodillo hasta que el disco tenga unos 40 cm de diámetro y apenas 2 mm de grueso. Es importante que quede bien fina y de grosor uniforme. Si ves que se resiste, deja que repose otros 10 minutos; no la fuerces.

10. Esparce el relleno de forma homogénea por todo el disco, con una espátula o una cuchara. Si ves que el relleno queda demasiado líquido, tanto que amenaza con escaparse de la masa y chorrear, añade más tahini.

11. Enrolla la masa hasta obtener un rulo bien prieto y uniforme. Deja que repose unos 5 minutos, ya que la masa tiene que estar relajada antes de estirarla.

12. Tras los 5 minutos de reposo, estira el rulo de masa hasta que mida cerca de 1 metro, incluso un poco más. Para ello, hazlo rodar rápidamente y estira hacia los extremos. Si la masa ofrece resistencia, tápala y déjala reposar otros 15 minutos antes de volver a repetir el estirado.

13

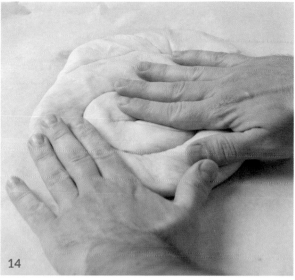

14

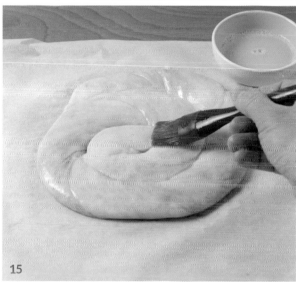

15

16

13. Enróllala sobre un papel de hornear dejando algo de espacio intermedio, ya que al fermentar crecerá. Hazla fermentar 2 horas en un sitio tibio hasta que se haya hinchado considerablemente.

14. Aplástala suavemente con las manos para que quede un poco más fina, no le quites el aire del todo. Intenta ganar un poco de superficie con delicadeza, al tiempo que procuras un grosor homogéneo, un poco menor.

15. Para conseguir un acabado dorado y atractivo, pincela la espiral con huevo batido, extiéndelo uniformemente y evita que se formen pozos de huevo (no se trata de hacer una tortilla en cada pliegue).

16. Finalmente, decórala con semillas de sésamo y cuécela durante unos 20-25 minutos a 190 °C (sin ventilador). Si se dora mucho, baja la temperatura unos 10-20 °C y cúbrela con papel de aluminio. Si tu horno siempre activa el ventilador, ponlo a 150-160 °C.

GRISINIS

Dice la leyenda que, siendo niño, Víctor Amadeo II de Saboya era frágil y estaba siempre enfermo. El médico de la corte, don Baldo Pecchio, le diagnosticó problemas gastrointestinales, probablemente causados por ingerir pan contaminado con gérmenes. Esto se debía a las malas condiciones higiénicas en las que se preparaba y al hecho de que generalmente no estaba bien cocinado. Don Baldo, decidido a sanar al pequeño Víctor Amadeo, ordenó al panadero de la corte, Antonio Brunero, que preparara unos panes más pequeños y finos, y que los horneara dos veces, para asegurarse de que dentro no quedaba germen alguno. Según la leyenda, Víctor Amadeo mejoró muy pronto al empezar a consumir estos panes, más tarde llamados «grissini», y creció sano y fuerte, para convertirse, más adelante, en rey de Saboya. Por su parte, los grisinis pronto alcanzaron fama fuera de la región de Turín y hoy en día son conocidos en el mundo entero. En todo caso, y más allá de las leyendas, hemos decidido incluir estos finísimos panes en este recetario porque son en verdad deliciosos y además nos permiten elaborar un montón de variedades. Nos gustan porque triunfan en cualquier fiesta o reunión en la que haya comida para compartir, acompañados de un buen jamón serrano o queso, o también untados en salsas u otras preparaciones. Hacerlos es fácil y rápido, y nos pueden ayudar los peques. Esperamos que los prepares en casa y los disfrutes en compañía.

— Ingredientes —

Para unos 25-30 palitos de pan

300 g de harina panificable
180 g de agua
15 g de aceite de oliva
6 g de sal
6 g de levadura de panadería fresca (2 g de la seca)

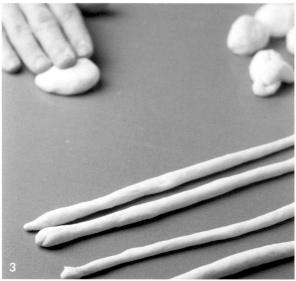

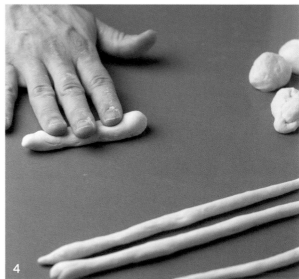

Ideas

• Aplica las ideas del capítulo «Sanos, ricos y llenos de color» y elabora grisinis con ingredientes como el tomate seco o la albahaca.

• Prueba a rebozar los grisinis en diferentes semillas (con las de amapola quedan estupendos, pero también las de girasol les dan un toque crujiente).

• Baña ¾ de cada grisini en chocolate negro con un 70 % de cacao y espolvorea con sal Maldon por encima para preparar unos grisinis asombrosos.

• Y para los peques, baña ¾ de cada grisini en chocolate blanco y cúbrelo con fideos de colores. ¡Te los quitarán de las manos!

1. Coloca todos los ingredientes en un bol y mézclalos bien.

2. Deja reposar la masa durante 10 minutos y después colócala en un bol cubierto con papel film.

3. Debe fermentar 1 hora (o toda la noche en la nevera). Corta la masa en trocitos iguales.

4. Con las manos, empieza a extender cada trocito en forma de barrita.

5. Es muy sencillo, solo tienes que rotar en los extremos de cada trocito y pronto se irá convirtiendo en una barrita larga. Lo ideal es que queden bastante finos, porque luego crecerán un poco en el horno.

6. Prepara el sésamo crudo y extiéndelo en una bandeja de horno. Prepara también el queso rallado; utiliza un buen queso parmesano o grana padano, de sabor potente, para que los grisinis sean inolvidables. Rállalo y ponlo en otra bandeja.

7. Coloca un paño húmedo junto a las bandejas y humedece en él cada palito. A continuación rebózalo con el sésamo crudo o con el queso. Verás como se queda bien pegado gracias al agua que habías aplicado con el paño.

8. Coloca los palitos en una bandeja cubierta con papel de horno y hornea durante 20 minutos a 200 °C hasta que se sequen. ¡Cuidado!, si ves que se están dorando demasiado, baja la temperatura.

PANES PARA COMPARTIR

Scones

Pan de molde

Naan

Pizza sin amasado

Pan de canela

Coca de forner

Double ka meetha

ELABORAR PAN CON TODA LA FAMILIA

El pan hecho en casa no solo es rico. ¡Elaborarlo es divertido! Pasar una tarde amasando y formando preciosos panes en familia es un recuerdo imborrable para cualquier niño. Además constituye un verdadero aprendizaje en todo lo referente a ingredientes, sabores, texturas. Amasar un pan o formar unos bollos hará que los niños se familiaricen con lo que van a comer después y lo disfruten aún más. Así sabrán valorar «lo casero» por encima de «lo industrial», enseñanza clave para una alimentación equilibrada y saludable.

Por si esto fuera poco, los ratos pasados en familia son el tiempo mejor invertido, y hacer pan es un hobby barato y delicioso. Deja que los niños entren en la cocina, anímalos a participar contigo en el proceso de preparar pan; prueba a dar rienda suelta a tu imaginación: puedes hacer coronas con bolas de distintos colores, trenzar masas con rellenos que solo tú imaginas, animar a los más pequeños a que ideen la forma que tendrá el pan... Cuando empieces, verás que no hay límite. Si necesitas inspiración, en este libro encontrarás panes preciosos llenos de color, con formas que han seducido a generaciones, desde el roscón a la corona trenzada, la espiral o la trenza... y también formas que invitan a la fiesta y a compartir, como el pan de canela o la pizza, sin ir más lejos. Recuerda que la palabra «compañero» significa en su origen «aquel con quien compartes el pan». Con este punto de partida, convierte la experiencia de hacer pan en un momento único para toda la familia.

Además, si te apetece ir más allá, te sugerimos algunas formas para practicar en casa, formas que son solo una minúscula parte de todo lo que puedes hacer con la masa y que seguro te inspirarán para muchas otras. Eso sí, piensa que para que queden bonitas (y no revienten en el horno) necesitarás una masa bastante fermentada.

1. El pájaro. Una forma preciosa y facilísima que da gusto (¡o pena!) morder; es jugosa y gordita. Forma un palo de masa de unos 20 cm, procurando dejar un extremo bien afilado a modo de pico. Haz un nudo en el centro, y con una tijera practica cortes para formar las plumas de la cola. Puedes utilizar pasas para los ojos.

2. El cangrejo sorpresa. Haz una bola de masa rellena (de chocolate, de chorizo o de lo que más te guste; puedes usar la receta de los bollos preñados de la página 162), aplánala y hazle unas patas con un poco más de masa. Las patas quedarán crujientes y el centro jugoso y relleno de tu sorpresa.

3. El erizo. Haz una bola de masa y aplástala hasta que tenga forma ovalada. Haz girar la masa apretando ligeramente con el canto de la mano hasta que un extremo quede en punta; este será el hocico. Pon un par de pasas para los ojos y haz cortes en la masa con una tijerita en paralelo para crear las púas.

4. El osito. Forma una bola grande para el cuerpo y otra más pequeña para la cabeza. Para las orejas y las patas puedes usar una masa coloreada, con cacao en polvo, por ejemplo.

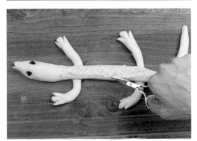

5. El lagarto. Modela tres palos de masa: uno el doble de largo y grueso que los otros dos, más pequeños y finos. Haz rodar sobre la mesa el palo más largo intentando que una mitad quede más fina (será la cola). Coloca esta parte sobre las dos más pequeñas y haz las escamas cortando pellizcos con una tijera.

6. El pulpo. La forma del pulpo queda fantástica si la masa tiene un poco de queso, ya que así las patas quedarán súper crujientes... ¡y seguro que al final hay discusión por ver quién se las come! Un consejo: haz siempre varios pulpos; si no, es probable que te quedes compuesto y sin pulpo.

7. El cerdito. Prepara dos discos de masa, uno el doble de grande que el otro. Coloca el pequeño encima (será el hocico) y, con una aguja gruesa o la parte de atrás de un pincel, hazle los dos agujeros. Ponle un par de pasas a modo de ojos y no te olvides de pincelar bien con huevo para que quede muy dorado.

8. La tortuga. Confecciona una bola de masa grande y cinco pequeñas. Coloca cuatro de las pequeñas un poco aplastadas a modo de patas y la quinta como cabeza. Realiza cortes en la parte central en rejilla, para que quede muy crujiente.

SCONES

Alma

Como estaréis percibiendo a medida que vayáis leyendo y releyendo este recetario, yo he sido la encargada de aportar a este libro todo el repertorio de recetas que se encuentran a medio camino entre panadería y repostería. Con los scones tenemos un nuevo ejemplo de estos «panes rápidos», como los llaman los ingleses, cuya característica principal es que se preparan utilizando levadura química o bicarbonato sódico, lo que, sin duda, demuestra la estrecha relación con el mundo de los bizcochos. Los scones, en concreto, son uno de los productos de la gastronomía que más orgullo provoca entre los británicos, y la tradición de prepararlos es tan antigua que el primer uso del nombre scone data nada más y nada menos que del siglo XVI. Pese a que se hayan convertido en un ingrediente típico de los desayunos y meriendas en todo el Reino Unido, el origen de los scones es en realidad escocés. Al principio no llevaban levadura y se cocinaban en moldes redondos para después ser cortados en triángulos; con la aparición de la levadura química, la receta se modificó para convertirse en lo que hoy conocemos como scones y que son una de las claves del *afternoon tea* inglés. Esta es una receta muy versátil, que puede prepararse con el acabado más clásico (para rellenarla después con *clotted cream* y mermelada de fresa) o también para incorporar nuevos sabores como el jengibre y la naranja.

— Ingredientes —

Para 14-18 piezas

80 g de mantequilla fría en cubos
1 cucharada de azúcar
500 g de harina floja (de repostería)
4,5 cucharaditas de levadura química (tipo Royal)
400 g de leche
1 ½ cucharaditas de zumo de limón
yema de huevo para pincelar

1. Vierte el zumo de limón sobre la leche. Deja reposar 10 minutos. Tamiza la harina con la levadura y mézclala con el azúcar y la mantequillla. Puedes hacerlo con un mezclador manual, un par de cuchillos o la picadora. En ningún caso se baten los ingredientes juntos.

2. Lo importante es que el resultado sea una especie de «migas» y no una masa compacta. Para ello es fundamental que la mantequilla esté fría y cortada en trozos pequeños. Con una cuchara de madera, incorpora la leche (que aparentará estar cortada por efecto del limón) y mezcla bien.

3. Obtendrás una masa bastante pringosa que debes amasar repetidamente sobre una superficie enharinada hasta que deje de estarlo. Si quieres añadir ingredientes adicionales (pasos 10 a 16), este es el momento de incorporarlos, antes de empezar a amasar.

4. Sobre una superficie enharinada amasa con cuidado, intentando que no se pegue. Si se ablanda mucho, métela en la nevera 10 minutos. Mientras tanto, enciende el horno y precaliéntalo a 220 ℃ (200 ℃ si es con ventilador). Prepara una bandeja de horno plana con papel de hornear.

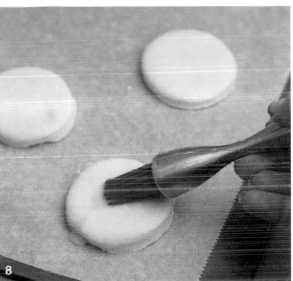

5. Estira la masa con un rodillo hasta que tenga unos 2 cm de grosor.

. . . .

6. Corta círculos de 4 cm de diámetro y colócalos en la bandeja, espaciados.

. . . .

7. Píntalos con un poquito de yema de huevo.

. . . .

8. Hornéalos 10-15 minutos o hasta que estén doraditos.

Para acompañar

Si quieres preparar tu propia *clotted cream* para acompañar estos deliciosos scones solo tienes que seguir los siguientes pasos:

Precalienta el horno a 80 ºC. Introduce en él un recipiente apto para hornos con 500 ml de nata (35 % MG) y déjalo en el horno toda la noche.

Cuando tengan una capa amarilla y gruesa, recógela con una cuchara y colócala en un bote de cristal. Refrigera 6-8 horas... ¡ya tienes *clotted cream* casera!

9. Sácalos del horno y déjalos enfriar sobre una rejilla para que no se queden gomosos. Sírvelos acompañados de *clotted cream* (o nata montada, en su defecto) y mermelada de fresa o unas rodajas de fresas naturales. Y, por supuesto, una buena taza de té.

10. Para preparar unos scones de nueces y queso, tras añadir la leche, incorpora a la masa un puñado de nueces picadas y 2 cucharadas de queso parmesano rallado.

11. Antes de hornear, ralla queso parmesano por encima de los scones. Están deliciosos rellenos con un queso curado y acompañados por 1 copa de vino tinto.

12. Para preparar scones de chocolate y naranja: tras añadir la leche, incorpora a la masa un puñado de chips o pepitas de chocolate negro y la ralladura de 2 naranjas.

13. Para un corte tradicional, estira la masa sobre la mesa, bien enharinada, y córtala en triángulos.

. . . .

14. Antes de hornear, pincela los scones con yema de huevo para que se doren.

. . . .

15. Para scones con fresas naturales, tras la leche, incorpora a la masa dos puñados de fresas en rodajas.

. . . .

16. Sírvelos templados, acompañados de helado de vainilla.

Variaciones

- De pasas: tras la leche, incorpora a la masa un puñado de pasas previamente maceradas en ron.

- De jengibre y naranja: después de la leche, añade a la masa base 3 cucharadas de jengibre cristalizado (confitado) picado en cubitos y 3 cucharadas de naranja confitada también en cubitos.

- De limón y semillas de amapola: tras añadir la leche, agrega a la masa la ralladura de 2 limones y 3 cucharadas de semillas de amapola.

- De avena y arándanos rojos: tras añadir la leche, incorpora a la masa 60 g de copos de avena y un buen puñado de arándanos rojos.

PAN DE MOLDE

Ibán

Un buen sándwich se cuenta, sin duda, entre los grandes placeres de la vida. Es una de las cumbres de la gastronomía; tan sencillo, tan poco dado a llamar la atención... y, sin embargo, tan placentero. Es el aliado fiel que nos acompaña a todas partes: en las excursiones, en el trabajo, de camino a algún lugar. Cada uno tiene sus favoritos. ¿Y qué decir de los finísimos sándwiches ingleses, cortados en pequeñas porciones, con sus delicados sabores? El favorito de Alma es el de queso Cheddar con *pickle* (una salsa agridulce). A mí me gustan los de sabores potentes, como el de chucrut con queso fundido, pero también guardo un rinconcito en mi corazón para el de jamón york y queso, el sándwich mixto o bikini de toda la vida. En todos los casos, el pan es el alma del sándwich. Cuando aprendas a hacer tu pan de molde, ya no querrás otro. Descubrirás por qué gran parte del que venden lo encuentras tan malo. A menudo me sorprende cuando conozco a gente que en toda su vida solo ha probado el pan de molde industrial... ¡cuando el casero es tan fácil de hacer, rico y satisfactorio!

Existen varias familias de pan de sándwich, desde los más contundentes y de miga algo densa (básicamente son masa de pan común metida en un molde) hasta otros más delicados y sutiles, de miga aterciopelada, que lo mismo combinan con dulce que con salado, y en ambos casos aportan un toque que resalta los ingredientes. El de esta receta pertenece a la segunda familia. Se trata de una masa muy rica en leche, con un toque de mantequilla y una pizquita de azúcar.

— Ingredientes —

350 g de harina panificable
155 g de leche
35 g de nata
25 g de mantequilla
35 g de azúcar
10 g de levadura de panadería fresca (3,5 g de la seca)
7 g de sal
leche para pincelar

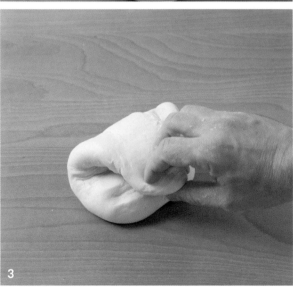

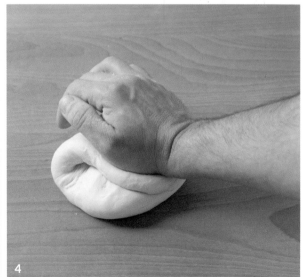

Variaciones

Para hacer un pan de molde más sobrio y re-sistente, sustituye la leche por agua y omite el azúcar. Si quieres conseguir una textura extra esponjosa, puedes hacer en este pan de molde el tang zhong de la masa de bollos al vapor (utiliza 180-190 ml de leche y 30 g de harina). Esta masa es deliciosa para bollitos con pepitas de chocolate o también para bollos de hamburguesa. Forma bolas de 100 g, pincélalas con leche y espolvoréa-las con sésamo, antes de hornearlas unos 12 mi-nutos.

1. Mezcla todos los ingredientes; la masa será un poco pegajosa. Déjala reposar 10 minutos.

· ·

2. Amasa sobre la mesa en tres pasos: primero, agarra suavemente la masa.

· ·

3. Después, pliega la masa con un gesto rápido y seco (pero no fuerte) creando un poco de tensión.

· ·

4. Finalmente, haz rodar la masa sobre la mesa con la base de la palma de la mano.

5. Amasa unos 5-10 minutos hasta que la masa esté lisa y fina. Si lo prefieres, hazlo a intervalos (30 segundos de amasado, 5 minutos de reposo; repítelo 3 veces). Si utilizas amasadora, amasa también unos 5 minutos a velocidad lenta.

6. Haz fermentar la masa tapada durante unas 2 ½ o 3 horas, hasta que se haya hinchado notablemente y la superficie esté fina y brillante.

7. A diferencia de los panes rústicos, en el de molde no queremos grandes huecos en la miga. Para evitarlo, aplasta la masa con contundencia (puedes pasarle el rodillo) asegurándote de que le quitas el aire por completo. Estírala formando un cuadrado.

8. Pliega los lados hacia el centro como si fueran las páginas de un libro, procurando ejercer una tensión homogénea en toda la masa e ir acumulando tensión. Esto hará que tu pan crezca mucho y de manera uniforme.

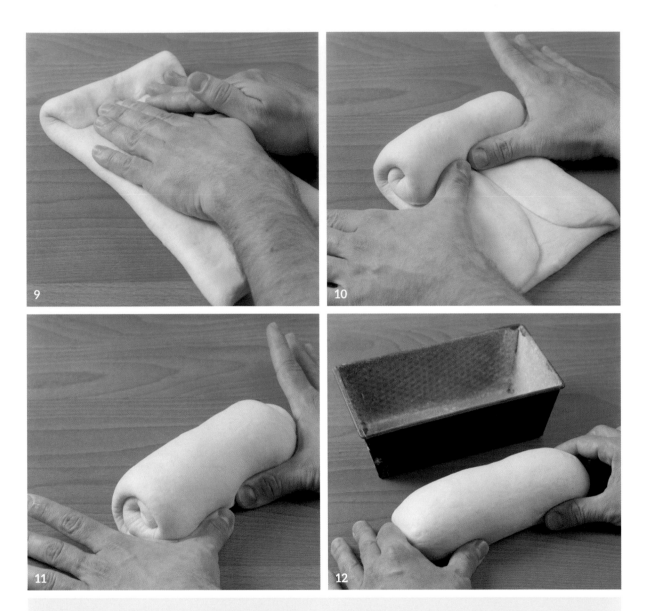

9. Para formarla, haz un rulo con ella, empezando por arriba. Cada vez que enrolles un poquito la masa, sella bien el interior con las puntas de los dedos, asegurándote de que queda un rulo tenso.

10. Dale la vuelta otra vez a la masa haciendo un rulo y presiona de nuevo con los pulgares levemente hacia abajo y hacia delante, como si sellaras una empanada.

11. Finalmente, acaba de sellar el pan formando una especie de costura o cicatriz. Si tu primer pan no tiene una forma perfecta, no te preocupes. Deja que la masa repose 5 minutos y corrígela.

12. Engrasa y enharina un molde rectangular de unos 20-22 cm de largo. En este momento puedes rectificar un poco el pan ajustando su anchura a la del molde, pero sin estirar demasiado, no sea que no quepa.

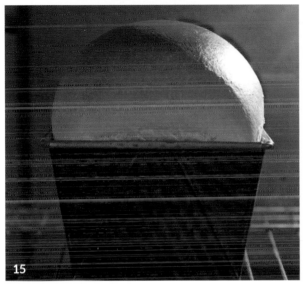

13. Coloca la masa en el molde con la clave hacia abajo. Presta atención al volumen (puedes usar tu móvil o una cámara para hacerle una foto) y espera a que haya superado el doble de su tamaño, unas 2 ½ horas.

14. Cuando haya crecido un poco más del doble, lo que te asegura que no se romperá en el horno, pincélalo con leche o nata (incluso huevo, si quieres que brille mucho).

15. Cuece el pan a unos 200 °C durante unos 30 minutos (calor arriba y abajo, sin ventilador). Coloca en la base del horno una bandeja con agua durante toda la cocción. Si el pan se abre por un lado, lo más probable es que le falte tiempo de fermentación.

16. Hornca el pan hasta que adquiera un bonito tono dorado; si ves que se dora antes, cúbrelo con papel de aluminio y baja un poco la temperatura. Si quieres más color en los lados, sácalo con cuidado del molde y mételo en el horno 5 minutos más.

NAAN

A veces, cuando nos obsesionamos con hacer pan, nos olvidamos de que más allá de las barras o las hogazas que tanto nos gusta elaborar para impresionar a los amigos, existen un millón de otros panes variados y a cada cual más interesante que, sin gran dificultad de preparación, nos trasladarán a miles de kilómetros con solo probarlos. Sin duda, en esta descripción se enmarca el naan, esa familia de panes que se extiende desde Irán hasta la India por toda Asia central y del que existen muchísimas variedades con diferentes especias y aderezos, con relleno, sin relleno y tantas otras. Creo que la receta de naan que os presento a continuación es la favorita «del mundo mundial». Por un lado, porque el uso del yogur hace que tenga un toque ácido muy especial, y, por otro, porque queda espectacularmente tierno y su preparación es muy sencilla. ¡Creo que no hay nada que me guste más que un buen curri acompañado de un arroz kashmiri pulao y naan recién hecho! Verás como con pocos intentos puedes preparar un naan a la altura del mejor restaurante indio de la zona: por fin tienes esta delicia al alcance de la mano. Y no te preocupes, no necesitarás un horno tandoori para preparar unos naan deliciosos; simplemente con una sartén podrás ponerte manos a la obra.

— Ingredientes —

Para 6 piezas

160 g de agua tibia (a unos 45 °C)
60 g de yogur natural no azucarado
45 g de leche tibia
2 cucharadas de aceite de oliva suave
1 cucharada de azúcar
300 g de harina floja (de repostería)

½ cucharadita de bicarbonato sódico
½ cucharadita de sal
1 cucharadita de levadura seca (o de panadería)
ghee (mantequilla clarificada) para freír los panes (receta en la página 121)
cilantro fresco

1. En un bol, mezcla bien el yogur con el agua, la leche y el aceite. Yo suelo usar yogur griego, que le da un extra de acidez. Reserva. En otro bol, coloca los ingredientes secos (azúcar, harina, bicarbonato, sal y levadura) y mézclalos bien. Añade los ingredientes líquidos.

2. Mezcla muy bien con ayuda de una espátula o de una cuchara de madera. El resultado será una masa muy pringosa: no intentes amasarla con la mano. Limítate a remover insistentemente hasta que se vaya homogeneizando y no quede ni un solo grumo de harina.

3. Una vez que tengas la masa lista, no hace falta que sigas removiendo. Cúbrela con papel film previamente engrasado con aceite para evitar que se pegue y déjala reposar en un lugar templado durante aproximadamente 1 ½ hora o hasta que haya doblado su volumen. Seguirá estando pringosa.

4. Cuando la masa esté casi lista comienza a preparar el ghee (consulta la explicación con fotos paso a paso en la receta del Double kha meetha, en la página 121). Con cuidado, saca la masa y colócala sobre una superficie enharinada. Estará un poco pringosa y muy blandita; no te asustes, es normal.

5. Amásala con cuidado sobre esa superficie, usando harina suficiente para que no se pegue.

· ·

6. Divídela en 6 trozos iguales. Estira cada uno con un rodillo sobre una superficie enharinada.

· ·

7. Calienta la sartén. Pinta la superficie del naan con ghee y coloca esa parte contra la sartén.

· ·

8. Mientras se dora, pinta la otra cara con ghee. Dale la vuelta y espera de nuevo a que se dore.

Variaciones

La forma más sencilla de servir naan es simplemente templados acompañados de cilantro o perejil picado. Puedes pintar cada rebanada con un poco de ghee extra para un sabor aún más intenso.

Si quieres preparar naan de ajo (garlic naan), pica finamente un par de dientes de ajo y, cuando hayas estirado cada naan con el rodillo, espolvorea el ajo por encima y pasa de nuevo el rodillo para que se quede bien pegado a la masa. Sigue adelante con el resto de los pasos.

También puedes espolvorearlos con queso rallado en cuanto los sacas de la sartén, para que se funda.

PIZZA
SIN AMASADO

Ibán Hacer pizza en casa nunca volverá a ser igual; siempre será mejor. A pesar de lo que piensa la mayoría de la gente, hacer una gran pizza en casa es pan comido, solo hay que tener claras un par de ideas. Para conseguir sabor y textura, es bueno que la masa repose, y para esto la nevera es de gran ayuda. Prepara tu masa de pizza 1 o 2 días antes de hornearla. Además de ahorrarte tiempo, te evitará preocupaciones ese día y podrás así disfrutar más de la fiesta. El hecho de dejarla 24 o 48 horas en la nevera hace que la masa se relaje y la puedas estirar a placer, sin que se encoja una y otra vez (si tu pizza reduce su tamaño, te está pidiendo a gritos tiempo de reposo). Además, con este largo reposo conseguirás una de las características más ansiadas: una pizza crujiente pero elástica, no un cartón seco que se quiebra con facilidad. Y para lograrlo la técnica de cocción es esencial. En un mundo ideal, todos dispondríamos de un horno de leña a 400 °C en casa, pero no es así. No obstante, puedes sacarle mucho partido al que tienes si te olvidas de utilizar la bandeja en el centro del horno. Quita esa bandeja y pon tu pizza directamente sobre la base. Sí, ahí mismo. La resistencia transmitirá todo el calor a la base, por lo que conseguirás un acabado que ni te imaginabas, y en un tiempo récord.

Si un día estás en un aprieto y necesitas prepararla en una tarde, sigue la receta pero no uses harina de fuerza (la masa sería demasiado tenaz y formarla resultaría un rollo), usa en su lugar harina panificable, que ofrece menos resistencia.

— Ingredientes —

Para 3 bases de pizza

525 g de harina de fuerza
350 g de agua
6 g de levadura de panadería fresca
(2 g de la seca, ⅔ de cucharadita)
11 g de sal

Variaciones

La receta está pensada para una masa fina, con pocos ingredientes, que se hornea en pocos minutos, pero puedes dejarla más gruesa y ajustar los ingredientes del relleno para que se hagan en el mismo tiempo. Puedes saltearlos en la sartén si son muy duros o bien cocer la base si es más gruesa. Te doy un truco exprés: usa tomate natural triturado y déjalo escurrir 15 minutos en un colador fino; de ese modo perderá mucha agua y no reblandecerá la masa. Escurre bien todos los ingredientes húmedos en general.

1. Como no vas a amasar, disuelve la levadura en el agua y mezcla el resto de los ingredientes.

. . . .

2. El resultado será pegajoso: no hay que preocuparse, es correcto. Deja que repose 10 minutos.

. . . .

3. En el mismo bol, pliégala en tres pasos: primero, con la mano mojada, agárrala suavemente.

. . . .

4. Luego, estírala con delicadeza, notando la resistencia gomosa que te opone.

5. Finalmente, pliégala sobre sí misma con un gesto rápido y seco de la muñeca. Haz girar el bol 90° y repite el pliegue. Espera 15 minutos y repite de nuevo, primero en un sentido y luego en el otro, y ya está. Este ha sido todo el amasado.

6. Espera ½ hora y divide la masa en tres partes iguales de unos 300 g cada una. Dales forma de bola tensándolas con delicadeza.

7. Unta tres boles (o bolsas de congelación) con aceite y mete las bolas. Es importante que las dejes bien tapadas, ya que la nevera seca mucho las masas. Un truco chulo es guardar una o dos en el congelador para el mes siguiente. Las descongelas a temperatura ambiente, y listas.

8. Tras 1, 2 o 3 días en la nevera, estarán hinchadas y llenas de sabor (si las dejas cuatro o cinco días, también; pero la masa puede degradarse un poco). Con delicadeza, pásalas a la mesa enharinada.

9. Calienta el horno al máximo (normalmente 250 °C, pero si tu horno llega a 275 °C o 300 °C, mejor. Si tienes ventilador, úsalo). Aplasta y estira la masa con los dedos delicadamente. Ve agrandando el tamaño y añade un poco más de harina, si fuera necesario, para evitar que se pegue.

10. Aplastando con suavidad, ve aumentando la superficie de la masa rotándola y estirándola al mismo tiempo (tienes que hacer con las manos los movimientos de los limpiaparabrisas de un coche, de dentro hacia fuera).

11. Un buen truco consiste en colocar la masa en el borde de la mesa y dejar que vaya cayendo hasta que cuelgue la mitad o más; la gravedad hará que se estire sola. Simplemente la tienes que hacer girar para que quede redonda.

12. Coloca la masa en una hoja de papel de hornear y corrige la forma si es preciso. Si te gusta, puedes dejar un poco de borde, para que luego se hinche y haya un buen mordisco de masa crujiente. En este caso, déjala reposar así 15 o 20 minutos.

13. Si usas tomate triturado es posible que tenga mucha agua y que la base quede demasiado húmeda. Puedes escurrirlo 10 a 20 minutos antes en un colador.

14. Siempre es buena idea escurrir bien los ingredientes: tomate, mozzarella, aceitunas u otros. De este modo tendrán entre ellos un equilibrio de textura y una mejor corteza.

15. Lo típico es echar primero el tomate en movimiento de espiral para después poner el resto, pero puedes hacerlo a tu gusto. Procura que estén repartidos de forma homogénea. El estilo de esta pizza es fina, no abuses de ellos; y si lo haces, asegúrate de alargar la cocción.

16. Desliza la pizza, con su papel, directamente sobre la placa del horno y cuécela hasta que la base se dore y se seque (normalmente, de 2 a 4 minutos). Puedes hacerla rotar 90° al cabo de 2 minutos para que se haga uniformemente. Si aún le falta, ponla bajo el grill otro par de minutos más.

PAN DE CANELA

Alma

Existe en Estados Unidos una familia entera de panes denominados *pull-apart bread*, que, literamente, significa «pan para desmontar». La idea que subyace en toda esta familia es la de preparar un pan (dulce o salado) cuyas rebanadas o pedazos estén, por así decirlo, precortados, para que la persona que se los vaya a comer simplemente tenga que tirar de un extremo para hacerse con su porción. Un ejemplo perfecto de *pull-apart bread* sería el Monkey bread, que no es más que un pan de canela formado a base de bolitas de masa que se hornean todas juntas en un molde y que se mantienen unidas por el relleno del pan de canela. Cuando el comensal quiere tomar un trozo no hace falta que lo corte: sencillamente tiene que arrancar una bolita. En esta ocasión, vamos a hacer uso de una técnica que a mí me vuelve loca: imaginad un pan cuyas tostadas salen del horno «precortadas». Un pan en el que solo tienes que tirar de cada rebanada para arrancarla y poder disfrutar de una mezcla maravillosa de masa dulce, canela y mantequilla. Es el desayuno perfecto, la merienda perfecta y el resopón perfecto. Está delicioso caliente, casi recién salido del horno, pero también unas horas después, cuando la canela ha desarrollado todos sus aromas. Si te gustan los rollos de canela, prepárate, porque estás a punto de descubrir una nueva receta, la favorita del mundo entero.

— Ingredientes —

650 g de harina floja (de repostería)
7 g de levadura de panadería seca
250 g de leche
75 g de mantequilla
75 g de azúcar blanco
½ cucharadita de sal
4 huevos medianos

Relleno
150 g de azúcar moreno
40 g de harina (de repostería)
60 g de mantequilla fundida
5 cucharaditas de canela

1. Si tienes amasadora, pon en el bol la mitad de la harina con toda la levadura; si no, echa la mitad de la harina junto con la levadura en un bol bastante grande. En un cazo, calienta la leche con la mantequilla, la sal y el azúcar, solo lo justo hasta que se derrita la mantequilla.

2. Pon la batidora a velocidad baja e incorpora la leche tibia poco a poco, valiéndote del accesorio batidor (la K). Si estás preparándolo a mano, utiliza una cuchara de madera para empezar a añadir el líquido a los ingredientes secos. Remueve hasta deshacer los grumos.

3. Sin dejar de batir con la amasadora, incorpora los huevos, uno a uno y bate hasta que la mezcla sea homogénea. Si estás amasando a mano, añade los cuatro huevos batidos, para facilitarte la tarea, y mezcla bien con una cuchara de madera hasta que no haya un solo grumo. Añade el resto de la harina.

4. Con la amasadora, utiliza el gancho para masas y déjalo trabajar unos 5 minutos hasta lograr una masa elástica. Si lo haces a mano, amasa 5 minutos y deja que repose otros 5 minutos para facilitar el proceso. Después, vuelca la masa sobre una superficie enharinada y amasa otros 8 minutos.

5. La masa resultante en ambos casos será elástica, brillante y muy pegajosa. Está bien así. No trates de añadir harina para que no se pegue, ya que lo único que conseguirás es que tu pan se quede seco y con una textura muy densa. Pon la masa en un bol tapado con papel film y en un lugar calentito.

6. Espera alrededor de 1 ½ hora, hasta que haya doblado su volumen. Aplástala entonces un poco para quitarle el aire y colócala sobre una superficie enharinada. Amasa 1 minuto más con suavidad y con cuidado de que no se pegue a la superficie de trabajo.

7. Estira la masa sobre una superficie enharinada hasta lograr un cuadrado de 30 x 30 cm. Es muy importante tratarla con mucha delicadeza, ya que, si no, puedes hacerle agujeros que echarán a perder la técnica. Además, procura que no se pegue a la mesa por ningún sitio.

8. Derrite la mantequilla para el relleno y pinta con ella toda la superficie del cuadrado. Prepara el relleno: mezcla en un bol la harina con el azúcar moreno y la canela. Si vas a hacer alguna de las variedades, es el momento de incorporar los ingredientes extra.

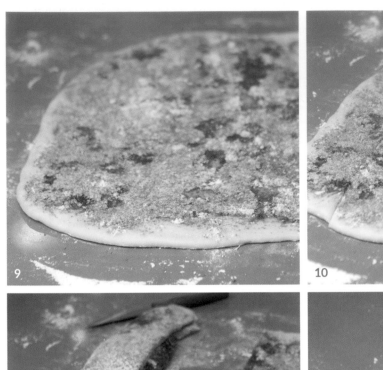

Variaciones

- Añade nueces picadas y pasas en el relleno.

- Sustituye la canela por una mezcla de:
  - 3 ½ cucharaditas de canela
  - 1 cucharadita de clavo molido
  - ½ cucharadita de nuez moscada
  - 1 cucharadita de anís en polvo
  - ½ cucharadita de jengibre en polvo
  - una pizca de cardamomo en polvo

- Sustituye la canela por 2 cucharaditas de cardamomo y 5 de ralladura de naranja.

- Prescinde de la canela e incorpora 3 cucharadas de pepitas de chocolate negro y 3 de coco rallado.

9. Espolvorea el relleno por toda la superficie del cuadrado. No puede quedar ni un solo hueco.

. . . .

10. Corta el cuadrado en 6 tiras iguales con un cuchillo bien afilado. Procura no arrastrar la masa.

. . . .

11. Amontona cada tira encima de la anterior hasta tenerlas todas una encima de otra.

. . . .

12. Corta esta pila de tiras nuevamente en seis trozos, con cuidado de que no se desmonte.

13

14

15

16

13. Coloca las tiras en vertical en un molde de cake previamente engrasado.

· ·

14. Déjalas reposar cubiertas con papel film entre 45 minutos y 1 hora o hasta que doblen su tamaño.

· ·

15. Píntalas con un poco de nata de montar y hornéalas a 180 °C durante 25-30 minutos.

· ·

16. Saca el pan del horno cuando esté doradito y al introducir un palillo este salga limpio.

Ideas

Si te has quedado con la curiosidad de elaborar un Monkey bread, prepara la masa del pan de canela y, en lugar de estirarla, haz con ella 64 bolitas. Pasa cada una de ellas por mantequilla fundida y después por una mezcla de 200 g de azúcar moreno y 2 cucharaditas de canela. Colócalas en un molde de bundt cake previamente engrasado. Apílalas hasta rellenar el molde (quedará más o menos hasta la mitad), cubre con papel film y deja que repose unos 45 minutos. A continuación, hornea a 180 °C hasta que esté dorado y el caramelo empiece a burbujear. Espera 10 minutos y desmolda.

COCA DE FORNER

Sin amasado

Ibán

La merienda típica de generaciones y generaciones de catalanes. La coca de panadero pertenece a esa familia de bollería sobria, sin grandes excesos en los ingredientes, pero que muchas veces resultan los bocados más inolvidables y satisfactorios precisamente por esa misma sencillez. En unos tiempos en que abundan platos o elaboraciones de pastelería con ingredientes cada vez más numerosos y extraños procedentes de todos los rincones del globo, encontrar esta masa tan sencilla es reconfortante. Al igual que sucede con la pizza o la bica, lo más probable es que en su origen se tratase simplemente de una masa de pan reciclada... ¡Y vaya reciclaje! La masa lleva toda la sal del pan y un poco de aceite, y lo que la hace única es un horneado muy, muy fuerte para que la corteza quede crujiente y que el azúcar se caramelice creando una costra maravillosa y, finalmente, un chorretón de anís nada más salir del horno. El alcohol se evapora, la magia permanece. Normalmente, los hornos de casa llegan a 250 °C, si el tuyo alcanza los 275 o 300 °C, mejor aún.

Mi buen amigo el panadero Josep Baltà, que hace una de las cocas más ricas y célebres de Barcelona, me contó que la coca normal no llevaba piñones (¡eso era un lujo!) y que, como hijo de panadero, de niño siempre podía escoger los trozos más exquisitos, y es que lo maravilloso de la coca es que crea varias texturas distintas: crujientes, acarameladas, tostadas, melosas, jugosas. Hay un trocito para cada paladar y un gusto para cada coca.

Ingredientes

Para 2 cocas medianas

Fermento o masa madre
50 g de harina panificable
30 g de agua tibia
1 g de levadura de panadería fresca,
algo así como un garbanzo (0,3 g de la seca)

110 g de agua
25 g de aceite de oliva
4 g de sal
4 g de levadura de panadería fresca
(1,5 g de la seca, ½ cucharadita)

Masa final
fermento
190 g de harina panificable

piñones, azúcar y anís
para decorar

1. Para la masa madre, el día anterior disuelve la levadura en el agua y mezcla los ingredientes. Deja que fermente ½ hora y métela en la nevera en un bote cerrado. Si lo haces el mismo día, déjala reposar 3 o 4 horas a temperatura ambiente. Una vez fermentada, tendrá miga y un sutil aroma.

2. Mezcla todos los ingredientes hasta obtener una masa que quedará algo pegajosa. Déjala reposar en el bol 15 minutos tapada con un trapo o con papel film.

3. No hace falta que la saques del bol. Amásala a base de pliegues y reposo. Mójate un poco la mano, coge la masa con suavidad por la parte superior y estira de ella hasta que notes un poco de resistencia.

4. Pliégala sobre sí misma con un gesto rápido y seco. Haz girar el bol 90° y repite el pliegue. Espera 15 minutos y repite el plegado: estirar, plegar, hacer girar 90°; estirar, plegar... Y ya está. Deja que fermente 2 horas, tapada para que no se seque, en un lugar tibio.

5. La masa estará hinchada y al presionar con el dedo quedará huella.

. . . .

6. Divídela en dos trozos alargados con ayuda de un poco de harina para que no se pegue.

. . . .

7. Estira los dos trozos con los dedos hasta que midan unos 30 x 10 cm. Deja que fermenten 1 hora.

. . . .

8. Esparce aceite, azúcar y piñones por encima; cuécelos 15 min a 250 °C. Al sacarlos, rocíalos con anís.

Variaciones

En las panaderías no es raro encontrar la coca de forner enriquecida con crema pastelera o chocolate (ponlos sobre la masa justo antes de hornear). Puedes sustituir los piñones por almendras fileteadas, trozos de nueces o pistachos, y añadir por encima semillas de hinojo o anís. Por supuesto, puedes hacer coquitas pequeñas, redondas o cuadradas, o incluso cortar tiras de masa y hacer una versión supercrujiente en forma de bastones. Sea como fuere, asegúrate de que el horno esté muy caliente.

1. Comienza preparando el almíbar en el que después bañarás las «torrijas indias». En un cazo, calienta el agua con el azúcar hasta que rompa a hervir. En ese momento retíralo del fuego y remuévelo hasta comprobar que todo el azúcar se ha disuelto. Resérvalo.

2. En un cazo no adherente, vierte la leche y caliéntala. Procura conseguir un hervor suave, no excesivamente intenso, para que la leche se vaya evaporando poco a poco y vaya espesando hasta estar casi grumosa. Si ves grumos no te asustes, es lo que buscamos.

3. Añadimos el cardamomo en polvo (es fácil de encontrar en herbolarios y tiendas de especias) y unas hebras de azafrán, y removemos bien. También puedes poner azafrán en polvo (½ cucharadita) si no lo tienes en hebras. ¡Pronto tu cocina empezará a oler a gloria, prepárate!

4. Cuando empiece a hervir, baja el fuego y deja que continúe hirviendo muy suavemente hasta que se haya reducido a la mitad. Es importante remover cada cierto tiempo para evitar que se pegue. La leche se tornará espesa y grumosa. Una vez que se haya reducido, retírala del fuego y resérvala.

5. Este postre utiliza el ghee, que vas a preparar al modo casero. Pon 200 g de mantequilla en un cazo y caliéntala a fuego medio hasta que se funda. Al principio se irá fundiendo, tal y como probablemente has visto en otras recetas.

6. A continuación empezará a borbotear: sigue sin retirarla del fuego, pero baja un poco la intensidad. Verás como poco a poco se va poniendo de color avellana y se crea una especie de espuma en la superficie en la que empiezan a verse los trocitos de la mantequilla.

7. Pasados unos minutos verás que en la mantequilla hay puntitos de color anaranjado flotando en la superficie y algunos más oscuros en el fondo. Es muy importante que en ese momento la retires del fuego o se quemará y el sabor maravilloso del ghee se echará a perder.

8. Ahora ya solo falta colar el resultado utilizando un cedazo (y a ser posible una tela de lino) para evitar que los posos oscuros se queden en el ghee. Ten cuidado porque estará muy caliente y te puedes quemar fácilmente. Déjalo templar un poco mientras sigues con la preparación.

9. Acabas de preparar ghee o lo que en repostería francesa se conoce como «mantequilla avellana». Si te sobra, no dudes en utilizarla para hacer unas «madeleines» o unos buenos financieros. El sabor tostado a frutos secos que proporciona a las recetas hará que pronto no puedas vivir sin ella.

10. Selecciona las rebanadas de pan que vas a usar y quítales las cortezas. Puedes utilizar cualquier tipo de pan, aunque, en mi opinión, como mejor queda es con el pan de molde casero o con unas buenas rodajas de brioche. Y no te preocupes si se ha quedado duro, ¡luego estará perfecto!

11. Hay dos formas de seguir adelante: pincela cada rebanada por ambos lados con el ghee y después tuéstalas sobre una sartén caliente procurando que no se quemen; una vez doradas, coloca las rebanadas sobre papel de cocina que absorba el exceso de grasa.

12. O la forma tradicional: fríe las rebanadas de pan directamente en una buena cantidad de ghee, hasta que estén doradas. Si eliges esta opción, deberás preparar al menos el doble de ghee o te quedarás corto. Una vez doradas, coloca igualmente las rebanadas sobre papel de cocina.

13. Baña cada tostada en el almíbar, sin miedo. Es importante que queden bien empapaditas.

. . . .

14. Coloca todas las rebanadas en un plato o en una fuente de cristal. Pica un poco los pistachos.

. . . .

15. Cubre las rebanadas con la leche que habías reducido empapándolas todas muy bien.

. . . .

16. Espolvorea por encima los frutos secos y aña-de algunas hebras extra de azafrán para decorar.

Ideas

Si te ha gustado esta receta, prepara también Gajar halwa y alucinarás. Lava, pela y pica finamente 8 zanahorias. Colócalas en un cazo y vierte 1 litro de leche entera. Cuece la mezcla lentamente has-ta que la leche empiece a evaporarse y se torne un tanto grumosa. En cuanto la mezcla se haya reducido a un cuarto del volumen, añade 60 ml de ghee, 8 cucharadas de azúcar y 1 cucharada de cardamomo en polvo. Sigue calentando a fuego lento y añade un par de cucharadas de pasas y anacardos. Cuando en la mezcla no quede ya nada de líquido, retírala del fuego y sírvela calien-te o fría.

SANOS, RICOS Y LLENOS DE COLOR

Banana bread

Empanada de espinacas y queso

Pan plano de patata y hierbas provenzales con tomates cherry

Pan de zanahoria

Pan de maíz tostado

Pan superenergético de almendras, dátiles y frutos secos

UN SINFÍN DE SABORES Y COLORES

Por muy complicado que pueda parecer cuando empezamos a elaborar pan en casa, lo cierto es que este se compone, en su forma más sencilla, de harina y agua, y esa es precisamente su magia y encanto, en el hecho de que, en todo el mundo, los panaderos interpretan estos humildes ingredientes de las maneras más increíbles y variadas. De Oriente a Occidente, el pan constituye todo un universo de texturas, sabores, colores y olores en el que el límite es sencillamente la imaginación del que enciende el horno para elaborarlo. Si tú también quieres participar de ese universo de posibilidades y quieres ir más allá de la repetición de una receta determinada, te animamos a experimentar con estas ideas sencillas que harán que, con unos pocos ingredientes básicos, tu pan se convierta también en un sinnúmero de sabores y colores.

Sabores. No hay prácticamente ningún sabor que no puedas añadir a tu pan, pero cuando experimentes con nuevos aromas debes tener en cuenta algunos detalles:

1. Los sabores más sutiles pueden desaparecer en el horno: el calor intenso al que se somete el pan en su interior es capaz de hacer que ese maravilloso sabor que poseía tu masa acabe «desaparecido en combate». Por ejemplo, el delicado sabor de la albahaca puede evaporarse con las altas temperaturas, al igual que los aromas exquisitos de ingredientes que nos encantan, como la horchata, el vino o algunas especias. Para que esto no suceda, procura concentrar los sabores, redúcelos e intenta que sean intensos. Por ejemplo, si quieres hacer un pan utilizando cerveza en lugar de agua, hiérvela durante unos minutos para que su sabor quede más concentrado.

2. Si quieres elaborar pan con sabor a algo (aceitunas, nueces, pasas, etc.), no te conformes con añadir ese ingrediente a la masa ya preparada. Da un paso más y haz que forme parte de ella. ¿Por qué no moler, majar, licuar o ha-

cer puré el ingrediente y añadírselo a la masa? Puedes pasar por la batidora aceitunas negras y utilizar la pasta como parte del líquido para dar sabor y color a la masa. O moler nueces y añadirlas a la harina para lograr que el pan sepa más a nuez.

3. No te compliques la vida con ingredientes extraños. Piensa todas las cosas que tienes ahora mismo en casa; seguro que se te ocurren mil ideas. Usar leche, cerveza, vino, fruta licuada, etc. como líquido para tu masa, total o parcialmente. Añadir frutas y frutos secos molidos o hechos puré en la propia masa para potenciar el sabor. Las patatas, las remolachas y los boniatos quedan estupendos en la masa, tanto crudos como asados o cocidos. Con ellos puedes sustituir sin miedo una cuarta parte de la harina de la receta, las migas te saldrán jugosas y las tostadas, inolvidables. Las hortalizas resultan maravillosas, sobre todo las carnosas, como la calabaza o el pimiento; prueba a asarlas antes de hacerlas puré y usarlas como líquido para tu masa. ¡Verás qué sabor y qué color! La huerta nos ofrece a lo largo del año una despensa infinita. El calabacín queda fabuloso (ojo, que suelta mucho líquido) y con queso es impresionante; las verduras de hoja verde, como las espinacas, o las hierbas frescas, como el perejil o la albahaca, se pueden licuar con un poco de agua o aceite, dan un tono verde y un gran sabor.

Colores. Muchas veces pensamos que para teñir una masa tenemos que recurrir a colorantes artificiales u otros componentes extraños. ¡Todo lo contrario! La naturaleza nos proporciona una variedad infinita de colores en forma de fruta y verdura. Mira la foto de la página siguiente: con tomate puedes lograr una masa rica y vistosa, que convertirás en una delicia si le añades orégano y tomillo y la rellenas con queso; las aceitunas negras hechas puré la tiñen de un marrón intenso y dan un gran aroma, además de una gran jugosidad; la calabaza tiñe la masa y le aporta una

fantástica textura. Otros ingredientes que ofrecen colores vistosos son la cúrcuma, la remolacha, los arándanos y otros frutos rojos... ¡El único límite es tu imaginación! Y si en tu nevera tienes perejil, espinacas, albahaca y otras hierbas, podrás crear asombrosas migas verdes y aromáticas. Con cacao en polvo o café instantáneo las migas obtendrán un intenso marrón oscuro. Y si las combinas con masas de colores más claros podrás lograr increíbles espirales o migas marmoladas.

¿Qué se te ocurre hacer con los ingredientes que tienes a mano? Simplemente, el límite lo pones tú. Al pan le gusta todo. Y recuerda: si un experimento no sale, no es un fracaso, es un paso más en el conocimiento de las múltiples posibilidades que constituye el pan.

BANANA BREAD

Alma

Los americanos denominan «bread» a lo que, en realidad, es un bizcocho extremadamente sabroso y jugoso. Este bizcocho de plátano tiene sus orígenes a principios del siglo XX y ya en 1933 aparece en el recetario de Pillsbury *Balanced Recipes* incorporando la clásica mezcla de plátanos maduros y el uso de bicarbonato sódico y levadura. En cualquier caso, se trata del bizcocho de desayuno más tradicional de Estados Unidos, con sus mil versiones: clásica, light, integral, sin gluten... En este caso me he decidido por la versión más clásica, que aprendí hace ya tiempo de una buena amiga americana y que se conserva muy bien: si lo envuelves con cuidado en papel film y lo mantienes a temperatura ambiente, aguantará jugoso más de una semana. Recuerda que cuanto más maduros estén los plátanos, mejor, ya que tendrán un sabor más intenso; de hecho, este bizcocho se caracteriza por ser la manera perfecta de rescatar esos plátanos que están demasiado pasados para comerlos solos. Por supuesto, los chips o pepitas de chocolate negro y las nueces son opcionales. Puedes utilizar en su lugar otros frutos secos, incorporar trozos de otros tipos de chocolate o incluso omitirlos sin más. ¡Ah!, una vez horneado no dudes en decorarlo con chocolate fundido, crema de chocolate y avellana o incluso un poco de queso crema, que le dará un toque perfecto.

— Ingredientes —

100 ml de aceite de oliva
2 huevos
3 plátanos grandes, bien maduros
75 g de azúcar blanco
75 g de azúcar moreno
225 g de harina floja (de repostería)

1 cucharadita de levadura química
½ cucharadita de bicarbonato sódico
1 cucharadita de canela
100 g de nueces (opcional)
chips o pepitas de chocolate negro
(opcional)

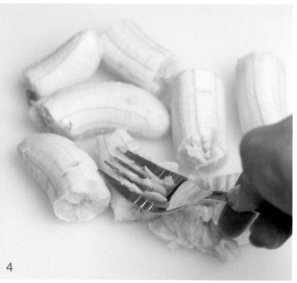

1. Precalienta el horno a 180 °C (160 °C si usas el ventilador), con calor arriba y abajo, y engrasa un molde rectangular tipo plum cake o pan de molde. En un bol, bate el aceite y los dos tipos de azúcar. A mí me gusta usar aceite de oliva suave, pero también puedes utilizar aceite de girasol.

2. Incorpora los dos huevos y bate muy bien hasta obtener una mezcla homogénea. Por cierto, si no tienes azúcar moreno puedes utilizar azúcar blanco en su lugar, pero no te recomiendo usar solo azúcar moreno, ya que la textura resultante podría quedar demasiado densa y apelmazada.

3. En otro bol, tamiza la harina con la canela, la levadura química y el bicarbonato sódico. Si no te gusta la canela puedes omitirla, aunque le da un toque muy especial. Incorpora los ingredientes secos a la mezcla previa y bate muy bien hasta conseguir una masa homogénea sin grumos.

4. Machaca los plátanos con un tenedor. Es muy importante que estén maduros, para que aporten un sabor más intenso y la textura del bizcocho sea la correcta. Yo prefiero no hacerlos puré y me limito a machacarlos, para que el bizcocho resultante tenga trozos de plátano.

5. Incorpora los plátanos y mezcla con una lengua o espátula hasta lograr una masa uniforme.

. . . .

6. Añade los chips de chocolate negro y las nueces troceadas y vuelve a mezclar muy bien.

. . . .

7. Vierte la masa en el molde previamente engrasado y espolvorea más chips de chocolate.

. . . .

8. Hornea alrededor de 35 minutos o hasta que se dore y al introducir un palillo este salga limpio.

Variaciones

La variación que más me gusta de este bizcocho es la de mantequilla de cacahuete (¡no tengo remedio!): añade 80 g a la masa justo después de incorporar los huevos. Bate muy bien antes de seguir adelante con la receta. ¡La combinación es deliciosa! Y si te gusta el chocolate, haz la receta original y divide la masa en dos. A una mitad añádele 100 g de chocolate negro fundido. Después combina cucharadas de ambas masas (sin y con chocolate) en el molde y mézclalas con un cuchillo para ¡obtener un Banana bread marmolado!

EMPANADA DE ESPINACAS Y QUESO

Alma & Ibán

La empanada es como un hilo invisible que teje una comunidad infinita de sabores, compartida por pueblos dispares y a menudo lejanos. En Mallorca, las pequeñas empanadas redondas con guisantes son un icono gastronómico, como lo son en Cornualles las *pasties*, empanadas individuales de carne con borde grueso; las empanadas murcianas con su preciosa tapa de hojaldre; las archiconocidas empanadas gallegas (en sus múltiples versiones de trigo o maíz), o el hornazo salmantino, cargado de suficiente energía para subir al Everest. Esta receta (curiosamente apta para vegetarianos) me la enseñaron en el Bierzo, León, el reino del botillo. Es muy frecuente allí poner en el relleno incluso patata. Esto nos habla de cómo esta receta viene de tiempos de necesidad en los que, entre pan y pan, se metía lo que había para llenar la tripa. Un panadero gallego que trabaja en el Bierzo me comentó en cierta ocasión con gran extrañeza: «¡Aquí ponen patata a la empanada, yo no la como!».

Esta versión tiene una mezcla de espinacas (aún mejor si tienes acelgas), un poco de queso y cebolla, lo que hace el relleno irresistible para todos los públicos. La masa lleva una mezcla de aceite y cerveza. ¡Deliciosa! Pero en realidad podrías reciclar casi cualquier masa de pan para su elaboración. La empanada pertenece al universo del reciclaje, del aprovechamiento de recursos y del sentido común. Abre tu mente a la empanada.

— Ingredientes —

Masa
300 g de harina panificable
60 g de aceite de oliva
60 g de agua
60 ml de cerveza
6 g de sal
6 g de levadura de panadería fresca,
(2 g de la seca, ⅔ de cucharadita)

Relleno
150 g de espinacas o acelgas
100 g de cebolla
50 g de queso rallado
sal y pimienta al gusto
1 diente de ajo
huevo para pincelar

1

2

3

4

Variaciones

Si hay una elaboración susceptible de interpretaciones, esa es la empanada. Aunque hay recetas canónicas, lo mejor es hacerla a tu gusto. Puedes usar cualquier verdura de hoja tierna (si usas coles muy bastas, blanquéalas primero) o poner hierbas aromáticas. Prueba a añadir chorizo, beicon o algún embutido de sabor intenso; también sardinas limpias o trozos de atún fresco (estos pescados sabrosos se cocerán y sus jugos enriquecerán el relleno). Puedes hacer versiones pequeñas, individuales; son ideales para ir de excursión.

1. Mezcla todos los ingredientes. La cerveza dará un toque exquisito a la masa.

2. La masa, ligeramente pegajosa, dejará de estarlo tras el amasado.

3. Amasa 5 minutos hasta que quede fina y suave.

4. Déjala fermentar 2 horas tapada; acabará hinchada y al presionar con el dedo no se recuperará.

5. Divídela en dos partes iguales; estíralas con el rodillo y forma rectángulos. Procura que uno quede un poco más grueso (será la parte inferior) y otro un poco más fino y grande (será la parte superior). Coloca el relleno sobre la parte inferior.

6. Monta la tapa de la empanada usando el rectángulo un poco más fino. Intenta que el relleno no llegue al borde para que nada se escape al cerrarla.

7. Puedes cerrarla haciendo un cordel o repulgo parecido al de las empanadillas o simplemente presionando hasta que las dos capas de masa se unan. Es importante que esté bien cerrada para que no se salga el líquido del relleno.

8. Una vez cerrada, pincela la masa con huevo y haz unos cuantos agujeritos que actúen como chimeneas para que escape el exceso de vapor y no se rompa ni quede demasiado húmeda. Déjala en el horno unos 35-40 minutos a 200 °C.

PAN PLANO DE PATATA Y HIERBAS PROVENZALES CON TOMATES CHERRY

Ibán

La patata es uno de los grandes aliados del pan. En casi cualquier receta puedes sustituir una cuarta parte de la harina por patata con grandes resultados en jugosidad, conservación, corteza, dorado… (Te digo un truco: si quieres ganar el campeonato mundial de tostadas, haz un pan de molde que contenga un poco de patata cocida.) Si a la patata le sumas la sémola de trigo duro, con su toque amarillo y dulce, el resultado es una masa que puedes utilizar para pan de molde, bollos pequeños de desayuno o bien, como en esta receta, para un pan plano inspirado en la *focaccia* italiana. En Italia, el término «focaccia» es casi tan amplio como lo es «coca» en Levante: desde masas finísimas y crujientes a jugosas piezas cargadas de los más exquisitos ingredientes. Cómo no, este pan tiene el toque mediterráneo de las hierbas maceradas en buen aceite de oliva. Escoge las que más te gusten, pero no te olvides del tomillo, el orégano o el romero (si consigues salvia o albahaca fresca, seguro que en casa te aplaudirán).

Para esta receta, trabaja el pan o bien en disco plano o bien en barrita. Son formas fáciles que siempre salen bien, pero anímate a probar otras. Además, la masa se manipula utilizando aceite, lo cual no solo es una gozada, sino que produce una corteza fina y suave. Por supuesto, puedes incorporar queso (dentro de la masa o por encima) o un poco de chorizo, pimientos asados o los sabores que más te gusten. Es una alternativa fantástica al bocata de la merienda.

— Ingredientes —

250 g de harina de fuerza
150 g de sémola de trigo duro
100 g de patata cocida
5 g de levadura de panadería fresca (1,5 g de la seca)
10 g de sal
170 g de agua
30 g de aceite de oliva con hierbas maceradas
tomates cherry y aceitunas para decorar

Variaciones

Puedes sustituir la patata por boniato, calabaza asada o incluso ingredientes más sorprendentes como lentejas o garbanzos cocidos y hechos puré (nadie sabrá que es un pan de restos, y a todos les encantará su sabor y textura). Si te atreves, machaca restos de macarrones u otra pasta cocida y añádelos en lugar de la patata; te sorprenderá su jugosidad. Es un pan ideal para reciclar lo que tengas por casa. Puedes sustituir el agua de la receta por leche y macerar las hierbas en ella durante dos o tres días en la nevera; ¡verás qué explosión de sabores!

1. El amarillo de la sémola y la jugosidad de la patata cocida producen una miga inolvidable.

. . . .

2. El día anterior (o al menos unas horas antes), macera en aceite de oliva hierbas aromáticas.

. . . .

3. Mezcla todos los ingredientes de la masa. La textura será un poco pegajosa al principio.

. . . .

4. Déjala reposar tapada 15 minutos. En el propio bol, pliégala en tres pasos. Primero agárrala.

5. Luego, estira suavemente hasta notar un poco de resistencia. Queremos desarrollar el gluten para obtener una buena miga; no se trata de estirar hasta romper la masa, hazlo con suavidad.

6. Por último, pliégala sobre sí misma con un golpe seco y rápido. Gira el bol 90° y repite el pliegue. Espera 15 minutos y vuelve a ejecutar los dos pliegues. Ya está, acabas de amasar la masa.

7. Deja que fermente 2 horas tapada. Evita sitios fríos. (Si amasas a máquina, hazlo 6 minutos a velocidad mínima, hasta que la masa esté fina.) Al cabo de este tiempo la masa estará hinchada y al apretar dejarás marcas con facilidad.

8. Divídela en una bola de 400 g y dos de unos 160 g. Con un poco de harina (para que no se pegue a las manos), recoge la masa en un hatillo tirando de los bordes hacia dentro y ejerciendo un poco de tensión.

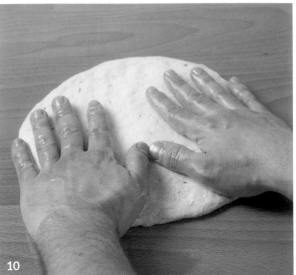

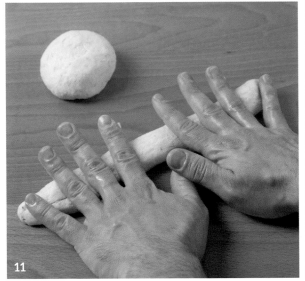

9. Da la vuelta a la masa (la parte lisa quedará hacia arriba y el recogido del hatillo hacia abajo) y hazla pivotar sobre su base, rotándola al tiempo que le das tensión. Evita que haya demasiada harina debajo; de lo contrario patinará y no tendrás adherencia.

10. Espera 10 minutos y aplasta la bola grande con ayuda de aceite, hasta que quede un disco de 1 cm de alto. Si ves que se retrae y está aún muy tenaz, espera otros 10 minutos.

11. Repite el formado con las piezas pequeñas hasta obtener dos bolas. A continuación, estíralas para formar palos (haciéndolas rodar sobre la mesa mientras estiras hacia los extremos).

12. Úntalos de aceite y aplástalos hasta formar una especie de lenguas planas de masa, con el brillo del aceite y los puntitos de las hierbas aromáticas. No es necesario que uses más que un poco de aceite; no se pegarán.

13. Coloca las piezas sobre una hoja de papel de hornear. Usa un poco de aceite para retocar cualquier defecto al formarlas o al trasladarlas al papel. Déjalas fermentar 1 ½ hora.

14. Al cabo de este tiempo las masas habrán ganado volumen; medirán unos 2 cm de grosor. Unta con aceite las piezas, con un pincel o con tus manos, pero con suavidad, ya que la masa será frágil.

15. Coloca los tomates cherry y las aceitunas apretando bien para que no se despeguen. No tengas miedo de presionar con firmeza, si no, podrían caerse al salir de horno. Calienta este a 250 °C con la bandeja dentro.

16. Cuando esté caliente, desliza la hoja con los panes sobre la bandeja del horno. Queremos que la bandeja caliente les transmita rápidamente su temperatura. Cuece las piezas durante unos 15 minutos (20 si te gustan con más corteza).

PAN DE ZANAHORIA

Alma

Creo que si existe una receta clásica en la repostería americana es la del famoso Carrot cake, o tarta de zanahoria, con su canela, sus pasas, sus trocitos de nuez y un glaseado de queso crema para morirse. Los que tenéis ya algún libro mío sabéis que tengo debilidad por ella y que siempre encuentro la excusa para incluirla en mis recetarios. Este libro no podía ser menos, y he convencido a Ibán para que me deje compartir con vosotros una versión más «abizcochada» de esta jugosa tarta que me vuelve loca. El pan de zanahoria es, en pocas palabras, mi bizcocho favorito convertido en uno de esos *breads* americanos, que más que panes son realmente bizcochos densos y consistentes para el desayuno, la merienda o cualquier ocasión en la que el hambre aparezca en el horizonte. Lo mejor de esta receta es que nos sirve para introducir a los peques en el mundo de las verduras y si nos ayudan a prepararlo asociarán la zanahoria a un resultado delicioso; después será más fácil que la acepten cuando en lugar de aparecer dentro de un bizcocho venga en forma de puré, o simplemente en rodajas. Sin duda, un ejemplo perfecto de cómo cocinar en familia puede mejorar la alimentación de los más pequeños. Por cierto, para una versión más «sana», omite el glaseado y preséntalo tal cual. Y, si tienes helado de canela en casa, no dudes en acompañar el bizcocho aún templado de una bola (o dos).

— Ingredientes —

250 g de harina floja (de repostería)
3 huevos
2 cucharaditas de levadura química
135 g de aceite de oliva suave
o aceite de girasol
2 cucharaditas de canela
300 g de zanahorias
100 g de manzana
90 g de pasas

100 g de azúcar blanco
60 g de azúcar moreno
un buen puñado de nueces peladas
y picadas

Para glasear
125 g de queso crema tipo Philadelphia
3-4 cucharadas de azúcar glas

1. Precalienta el horno a 180 °C. Engrasa y enharina un molde de plums cake o de pan de molde. Para mayor seguridad, puedes cubrir la base con papel de horno. En un bol, bate los dos tipos de azúcar con el aceite y los huevos hasta que queden bien mezclados.

2. Tamiza la harina con la canela y la levadura. Incorpora los ingredientes secos a la mezcla previa y bate muy bien hasta obtener una masa homogénea. Si estás usando una batidora, nunca pases de la velocidad mínima o el resultado será muy apelmazado.

3. Pica la zanahoria con la manzana en la picadora, con cuidado de no convertirlos en puré. Queremos que se queden en trocitos pequeños; un puré haría que el pan quedara demasiado denso. Si no tienes picadora, puedes usar un rallador con agujeros grandes. Incorpora el resultado a la masa.

4. Una vez que hayas incorporado la zanahoria y la manzana, puedes añadir las pasas y las nueces picadas. Ya tienes lista la masa de tu *bread*. Prepara también el glaseado: integra muy bien el queso con el azúcar glas usando unas varillas y ajustando la cantidad de azúcar a tu gusto.

5. Vierte la masa en el molde y extiéndela con una espátula. Hornea 35-40 minutos.

. . . .

6. Desmolda cuando esté templado y déjalo sobre una rejilla hasta que se enfríe por completo.

. . . .

7. Con unas varillas, mezcla el queso Philadelphia y el azúcar glas hasta que no queden grumos.

. . . .

8. Extiende el glaseado sobre el bizcocho y decóralo con unas nueces.

Variaciones

• Pan de pera, manzana y nueces
Sustituye la zanahoria, la canela y las pasas de la receta por 100 g de manzana y 150 g de pera en cubos de 1 cm aproximadamente. Dobla la cantidad de nueces de la receta.

• Pan de calabaza
El pan de calabaza es delicioso y perfecto para el otoño. Cambia la manzana y la zanahoria de la receta por 300 g de calabaza asada y hecha puré. Suprime también las pasas y las nueces y no dudes en añadir ½ cucharadita de clavo y de nuez moscada. ¡Sabe a otoño puro!

PAN DE MAÍZ TOSTADO

Sin gluten

Ibán

La palabra «pan» significa muchas cosas distintas, según quién la utilice. En nuestra cultura solemos asociarla a masas esponjosas fermentadas durante horas; en los países de climas fríos es posible que al decir pan, *jleb*, *brød*, *brot* o *leipä*, la palabra sugiera una masa densa, oscura y de aroma penetrante. Y para buena parte del mundo anglosajón, *bread* es simplemente una masa esponjosa, ya sea por un prolongado periodo de fermentación con levadura o por la acción gasificante de algún impulsor químico: bicarbonato sódico o amónico, crémor tártaro, etc. Estos últimos tienen en común que se elaboran con gran rapidez. Puedes tener listo el pan de principio a fin en menos de una hora. En este libro encontrarás varios de esos panes; Soda bread, Banana bread..., y esta es una adaptación reducida y sencilla de un pariente del sur de Estados Unidos, el Corn bread. En este caso, el maíz le otorga su prodigioso dulzor. Se trata de un pan sin gluten, lo que lo hace apto para todos los públicos... Pero los comedores de gluten más acérrimos te lo pedirán igualmente. Para sacarle aún más sabor al maíz, tal como reza el título, puedes tostar parte de la sémola; el sabor es maravilloso.

El Corn bread se suele elaborar en una sartén de hierro colado añadiendo los ingredientes casi como en un guiso, y es norma que lleve *buttermilk* (suero ácido de mantequilla) y picante. Si no dispones de una sartén así, usa un molde circular de bizcocho de unos 25 cm de diámetro. En esta receta no usarás harina, sino sémola de maíz.

— Ingredientes —

Para un molde redondo de unos 25 cm

400 g de sémola de maíz (polenta), de los cuales usaremos 125 g para tostar
450 g de yogur (o *buttermilk*, suero ácido de mantequilla)
2 huevos medianos (110 g)
80 g de mantequilla
3 cucharaditas de levadura química (tipo Royal)
10 g de sal

Variaciones

Además de tostar el cereal, puedes echarle por encima el doble de su peso de agua hirviendo. Así quedará más jugoso y mejorarán sus características plásticas. Para esta opción, espera a que la sémola que acabas de escaldar se enfríe bien y luego disuélvela en el resto del líquido. Hay recetas que sustituyen parte del maíz por trigo, a veces hasta la mitad. Esto hace que el pan sea más esponjoso y «civilizado». Si te sobra algo de un día para otro, puedes hacer unas migas dulces con leche.

1. Tuesta los 125 g de sémola (en seco, sin aceite) hasta que se desprenda un rico olor a tostado.

. . . .

2. Mezcla las harinas e incorpora la sal y la levadura. El color amarillo de este pan es hipnótico.

. . . .

3. Derrite la mantequilla y mézclala con el yogur y los huevos; bate hasta que quede homogéneo.

. . . .

4. Mezcla todo con una cuchara hasta que no quede harina seca.

5. Engrasa el molde con mantequilla. Originalmente, se usa una sartén de hierro colado y los ingredientes se incorporan casi «cocinándolos». Procura que el molde sea metálico, ya que la silicona no suele transmitir el calor con la misma facilidad.

6. Vierte la masa en el molde. En este momento puedes meterlo en la nevera y reservarlo para el día siguiente o para cuando te parezca mejor.

7. Aplana la masa con una espátula y distribúyela homogéneamente. Programa el horno a 200 °C y, cuando esté caliente, cuece el pan unos 25 minutos, hasta que se haya dorado bien y al pincharlo con una aguja esta salga limpia. Procura no abrir el horno si no es estrictamente necesario.

8. Una vez cocido, déjalo reposar unos minutos antes de cortarlo. La miga tiene que ser jugosa e invitar a repetir una y otra vez. Piensa en platos y guisos con salsa, pero no dejes muy lejos la mantequilla.

PAN SUPERENERGÉTICO DE ALMENDRAS, DÁTILES Y FRUTOS SECOS

Con opción sin gluten

Alma

Volviendo a los panes que no lo son realmente, este falso pan superenergético recuerda a un pan de centeno alemán en versión dulce (por su jugosidad, humedad y densidad) y, sin embargo, se prepara con levadura química y podemos tenerlo listo en menos de una hora (sumando preparación más horneado). Si estás preparando un maratón o te vas de excursión por la montaña, se convertirá en imprescindible, te cargará de energía siempre que la necesites. Esta receta ha sido fruto de numerosos experimentos que he ido realizando para preparar un bizcocho denso y energético y sin un contenido elevado de azúcar, que se valiera de todo el dulzor que aportan los dátiles sin otros añadidos. Además, no tiene lactosa y lo más beneficioso es que su alta cantidad de frutos secos lo transforman en una magnífica fuente de energía para cualquier deportista. Es alto en fibra, vitaminas y nutrientes, y bajo en grasa (además, la poca cantidad de grasa que aporta es de muy buena calidad). Se conserva jugoso mucho tiempo y es el snack perfecto en largas caminatas, en carreras de larga distancia o en un largo día de trabajo en el que necesitamos energía y sentirnos saciados sin necesidad de comer en grandes cantidades.

— Ingredientes —

180 g de dátiles sin hueso
250 ml de leche de almendras
65 g de harina integral de trigo
75 g de harina de almendra
1 cucharadita de levadura química
1 huevo

2 cucharadas de aceite de oliva suave
la ralladura y el zumo de 1 naranja (60 ml)
dos puñados de frutos secos naturales, variados

almendra laminada, para decorar

1. Precalienta el horno a 180 °C y engrasa un molde para cake o pan de molde. En primer lugar, cortas los dátiles en pequeños trozos (si los has comprado con hueso, quítaselos antes de pesarlos: 180 g).

2. En un cazo, échalos junto con la leche de almendras y caliéntalos a fuego medio hasta que rompa a hervir. Deja que hierva un minuto y después retíralo del fuego para que se enfríe un poco la mezcla.

3. Con la trituradora o un robot de cocina, tritura la mezcla de dátiles y leche de almendras hasta obtener un puré muy denso. No hace falta que los dátiles estén totalmente deshechos, pero sí que los trocitos que queden sean muy pequeños.

4. En un bol grande, coloca la harina de almendra. Tamiza encima la harina integral con la levadura química. Reserva. Ralla la naranja y después exprime el zumo; pésalo con la ralladura y mézclalo con el aceite y el huevo.

5

6

7

8

5. Vierte los ingredientes líquidos sobre los secos y mezcla bien.

. . . .

6. Añade a continuación el puré de dátiles que habías preparado previamente.

. . . .

7. Incorpora los frutos secos y reparte la masa en el molde. Espolvorea las almendras.

. . . .

8. Hornea durante 30-35 minutos o hasta que al introducir un palillo este salga limpio.

Variaciones

• Opción sin gluten: sustituye la harina de trigo por harina de trigo sarraceno. Para una mejor textura, mezcla 1 cucharada de semillas de lino trituradas con 2 cucharadas de agua hirviendo y añade todo a la masa cuando le incorpores el puré de dátiles.

• Opción tropical: sustituye el zumo de naranja y su ralladura por 60 ml de leche de coco. Descarta los frutos secos y en su lugar añade piña y papaya deshidratadas (a la venta en tiendas de frutos secos) y 1 cucharada de coco rallado. Decora con chips de coco deshidratado (son como pequeñas lascas de coco).

PANES DE TODA LA VIDA

Molletes

Bollos preñados dulces

Bica

Tortas de aceite

Roscón de vainilla y naranja

Bread & butter pudding

MOLLETES

Sin amasado

Ibán

El mollete es una manera de entender la vida. Tierno y jugoso, invita a tostarlo y desayunarlo con un chorretón de aceite de oliva, un poco de manteca «colorá» o un buen jamón. Es la forma que tienen en buena parte de Andalucía de dar los buenos días a la jornada que empieza. El mollete más que un pan es una familia de panes de distintos estilos: los molletes de Antequera, de Écija, de Marchena, o los molletes de Portugal, con su hendidura en el centro. En muchas de esas versiones es un panecillo al que se le da un horneado muy leve, ya que la gran mayoría de la gente lo tuesta antes de consumirlo. El tostado es todo un arte; puedes tostarlo abierto por la mitad o bien entero, dejando así que el centro siga jugoso y humeante cuando lo abras.

En este pan plano y tierno no buscamos un gran volumen, así que es perfecto para elaborarlo con una harina del súper que no destaque por su fuerza y que tal vez en otro caso (pan de molde, bollería u otros) te penalizaría con menos volumen del deseado. También es el ideal para añadir sémola de trigo duro, ese oro amarillo tan típico de los panes del sur.

Es importante que el pan esté bien fermentado antes de entrar en el horno, para que no reviente, lo que estropearía su aspecto. Por lo tanto, deja que se hinche bien.

— Ingredientes —

Para unas 10-12 piezas

Fermento o masa madre
100 g de harina floja (de repostería)
60 g de agua
1 g de levadura de panadería fresca
(0,3 g de la seca, la décima parte
de 1 cucharadita).

Masa final
Fermento o masa madre
300 g de harina floja (de repostería)
200 g de harina panificable
315 g de agua
20 g de manteca
12 g de sal
6 g de levadura de panadería fresca
(2 g de la seca)

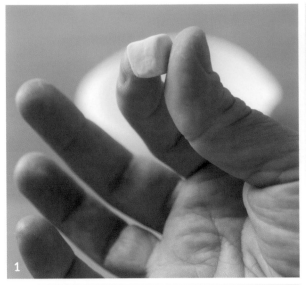

Variaciones

Puedes sustituir 100 g de harina por sémola de trigo duro, la más fina que encuentres. También puedes hacer molletes integrales reemplazando la mitad por harina integral (y aumentando un poco la hidratación, ya que la harina integral suele absorber más que la blanca). La manteca le da un toque fantástico, pero si no te gusta puedes usar aceite de girasol o de oliva. Si dominas el amasado, puedes aumentar la hidratación para conseguir algo más de alveolado.

1. Para la masa madre, el día anterior empieza con 1 g de levadura. Disuélvela en el agua.

. . . .

2. Mezcla con una cuchara. Deja fermentar ½ hora a temperatura ambiente y métela en la nevera.

. . . .

3. Al día siguiente, una vez fermentada, tendrá miga y olerá como a vino y yogur.

. . . .

4. Mezcla todos los ingredientes de la masa; será pegajosa; está bien así. Déjala reposar 10 minutos.

5. Para (no) amasarla no hace falta ni que la saques del bol. Simplemente pliégala y dale reposos intermedios. Se hace en tres pasos rápidos. Primero, mójate un poco la mano y sujeta la masa por un lado con delicadeza, sin apretar mucho.

6. Después, estírala con suavidad hasta notar que ofrece un poco de resistencia, como si hubiera una pequeña goma elástica dentro de la masa: es el gluten que se está desarrollando.

7. Finalmente, pliégala sobre sí misma con un gesto de la muñeca rápido y seco. Haz girar el bol 90° y repite el pliegue. Espera 15 minutos, repite la operación y, si tienes ganas y tiempo, repítela una vez más al cabo de otros 15 minutos; si no, está bien así.

8. Tras estos pliegues y reposos la masa irá alisándose y quedando cada vez más fina. Ponla a fermentar 1 ½ o 2 horas, bien tapada para que no se seque (un bol con tapa, un poco de papel film o un gorro de ducha servirán).

9. La masa estará hinchada y dará gusto tocar su textura esponjosa. Cuando la presiones, tus dedos dejarán la marca con facilidad.

10. Divídela en trozos de unos 80-100 g y forma bolas. Pon un poco de harina en la mesa y en las manos, si fuera necesario. Primero, toma los trozos de masa y estíralos con cuidado.

11. Pliega la masa rápidamente, procurando generar un poco de tensión. La parte bonita y lisa será la superior, y la inferior (el recogido), la base del pan.

12. Finalmente, pon la mano sobre la masa haciendo una especie de jaula de la que no pueda salir. Intenta que todo el canto de la mano toque la mesa, desde la punta del pulgar a la del meñique. Gira el trozo de masa sobre un eje imaginario hasta formar una bolita.

13. Cuando hayas hecho girar los trozos de masa, déjalos reposar tapados 15-20 minutos antes de formarlos definitivamente. Si lo hicieras ahora, estarían demasiado tensos y se encogerían.

14. Aplástalos y estíralos hasta crear discos (o elipses) de unos 12-15 cm de diámetro y pásalos a una hoja de papel de hornear. Con esta receta se obtendrán 2 bandejas de horno. Utiliza harina para manipularlos con facilidad; esta harina, además, forma parte de su típico aspecto rústico.

15. Hazlos fermentar aproximadamente 1 hora, hasta que estén hinchados y al presionarlos quede la marca. Si los metes muy pronto en el horno, estallarán, lo que estropeará un poco el aspecto final. Cuécelos 10 minutos a 200 °C poniendo en la base una bandeja con agua.

16. Una vez cocidos, los molletes apenas tendrán corteza y serán esponjosos como pequeñas almohadas de miga. Guárdalos en un trapo para que no se sequen. Los puedes congelar. Para servirlos, puedes tostarlos, ya sea enteros o abiertos por la mitad.

BOLLOS PREÑADOS DULCES

Alma

Cuando comenzamos a decidir las recetas para este libro, Ibán me propuso incluir una de bollos preñados. ¿Cómo iba a faltar esa receta tradicional omnipresente en las celebraciones en Asturias? Bueno, en Asturias, en Cantabria y en muchos otros lugares en los que una fiesta no es de verdad una fiesta si no hay bollos preñados. La idea me encantó, así que le estuve dando vueltas y enseguida se formó en mi cabeza una locura: ¡preparar bollos preñados dulces! Ya me conocéis, soy incapaz de resistirme a ese tipo de inspiración. Así que, tras varios intentos y experimentos, nacieron al fin. A mí me gusta mucho esta receta porque es sencilla y rápida de elaborar. Es tan fácil que, sin duda, os podrán ayudar los más pequeños de la casa, tanto a preparar el relleno como a amasar. La masa queda lisa y poco pegajosa; los ingredientes son sencillos y también lo es su preparación. Eso sí, en caso de que no seáis golosos, no os preocupéis: esta masa está pensada igualmente para rellenarla de chorizo a la sidra (a la manera tradicional), o para innovar un poco y ponerle un relleno de crema de avellana o de chocolate negro. Sea como fuere, los bollos se disfrutan al máximo al poco rato de sacarlos del horno, cuando ya no queman pero aún están calentitos y el relleno se deshace en la boca.

Ingredientes

Para 12 piezas

400 g de harina de fuerza
100 g de harina floja (de repostería)
180 g de leche
100 g de mantequilla en trozos pequeños
1 huevo

8 g de levadura de panadería seca
1 cucharadita de sal

Relleno
150 g de crema de avellanas

1. Comienza preparando el relleno de los bollos. Mete la crema de avellanas en una manga pastelera y forma 12 pequeñas bolitas de crema (más o menos del tamaño de una moneda de 2 €) sobre un papel de horno. Introduce el resultado en el congelador mientras sigues con el resto de la receta.

2. En un cazo, calienta la leche junto con la mantequilla y la sal, lo justo para que se fundan los trocitos de mantequilla. Es muy importante que no llegue a hervir ni se caliente mucho. Retíralo del fuego e incorpora el huevo. (¡Si el huevo se cuaja es que la leche estaba demasiado caliente!)

3. Bate muy bien la mezcla de ingredientes líquidos y resérvala. Ahora coloca la harina floja junto con la harina de fuerza y la levadura en un bol grande y añade la mezcla previa con ayuda de una lengua. Es importante que la mezcla esté tibia, no muy caliente, o echaremos a perder la receta.

4. Si la estás haciendo a mano, al principio la masa estará un tanto pegajosa: usa una lengua para la mezcla inicial, y después las manos, hasta que deje de pegarse. Yo, normalmente, al principio me valgo solo de una mano (así, si tengo que usar la otra para algo, no lo pringo todo).

5. Cuando deje de estar pegajosa, amásala sobre una superficie enharinada unos 10-15 minutos, hasta que quede elástica, firme y homogénea. Esta es una tarea en la que nos pueden ayudar los peques de la casa, ya que la masa no es excesivamente pegajosa. Lo pasarán genial.

6. Si la masa se te resiste, usa el truco del reposo: deja la masa cubierta por un paño durante unos 10-15 minutos y vuelve a amasar. Verás cómo la masa ha avanzado sola en el proceso de elaboración y te será mucho más fácil manejarla. Cuando esté lista, haz con ella una bola.

7. Si usas una amasadora, sáltate los dos pasos previos y sírvete desde el primer momento del gancho para masas. Amasa hasta que esté homogénea y consistente (unos 5 minutos). Procura no usar una velocidad muy alta para no calentarla en exceso (¡o quemar tu amasadora!).

8. Coloca la masa en un bol engrasado con aceite para que no se pegue y cúbrela con papel film para evitar que la superficie se seque y forme una costra. Deja que repose en un lugar cálido durante 1 hora aproximadamente o hasta que haya crecido el doble de su volumen.

9. Pasado ese tiempo, colócala sobre una superficie enharinada y divídela en 12 porciones iguales (¡estas porciones serán nuestros bollos preñados!). Forma una bola con cada una de las porciones. No es necesario que sean perfectas, pero hacerlas bien te facilitará el trabajo.

10. Una vez que tengas preparadas las 12 bolas, ve estirando cada una de ellas sobre la mesa, hasta formar un círculo plano. No hace falta siquiera que uses un rodillo o algo similar: simplemente aplasta cada una de ellas con la palma de la mano y tendrás una superficie en la que colocar el relleno.

11. Saca del congelador el relleno que habías preparado. Si hace mucho calor, es mejor que saques las bolitas de crema una a una, ya que se ablandan rápidamente y esto dificulta el proceso. A continuación coloca una bolita en el centro de cada círculo de masa que habías preparado.

12. Cierra cada bollito con mucho cuidado. Es muy importante que el relleno no se pueda salir, o estropearía todo el invento. Dispón una bandeja con papel de hornear y ve colocando los 12 bollitos espaciados entre sí, con el cierre del relleno hacia abajo.

13

14

15

16

13. Cúbrelos con papel film para que no se sequen y déjalos reposar 30 minutos en un lugar cálido.

· ·

14. Precalienta el horno a 180 °C y pincela los bollitos con leche antes de meterlos dentro.

· ·

15. Hornéalos durante 20 minutos o hasta que estén bien doraditos.

· ·

16. Te dejo una foto para que sepas cómo hacer las pruebas con chocolate de tableta. ¡Ñam!

Variaciones

• Rellenos dulces: introduce 2 onzas de chocolate negro en el centro del bollito en lugar de la crema de avellanas. O prepara bolitas congeladas de mermelada de fresa (iguales que las de crema de avellana) para rellenar los bollos.

• Rellenos salados: introduce un trozo de chorizo sin piel en el centro del bollito (puedes usar también chorizos cocidos a la sidra para un toque extra de sabor). O puedes lanzarte y rellenarlos con queso. Creo que hay pocas cosas mejores que un bollo preñado de mozzarella o queso azul recién horneado.

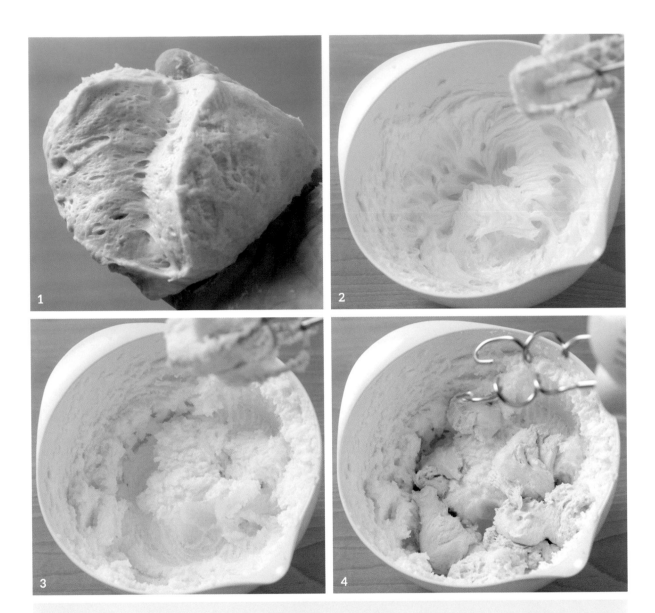

1. Para la masa de pan, mezcla los ingredientes hasta que se homogenice. Déjala fermentar unas 3 o 4 horas a temperatura ambiente, o bien ½ hora y métela después en un bote cerrado en la nevera (de 2 a 5 días, tranquilamente). Cuando haya fermentado, olerá a pan y tendrá miga.

2. Teniendo la masa de pan lista, la bica es muy rápida de hacer (por eso lo mejor es dejarla en la nevera días antes y así olvidarte de problemas). Calienta el horno a 180 °C. Con unas varillas o una batidora, bate la mantequilla hasta obtener una crema.

3. Incorpora el azúcar y bate durante varios minutos hasta que quede una crema fina. Procura respetar bien los pasos del proceso e incorporar los ingredientes sin prisa.

4. Divide la masa de pan en trozos pequeños y amasa con la mano, o bien con una amasadora, hasta que quede una pasta uniforme, sin pelotas de miga evidentes, ya que no quedarían bien en el resultado final.

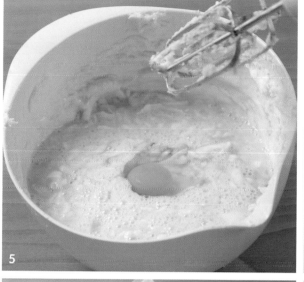

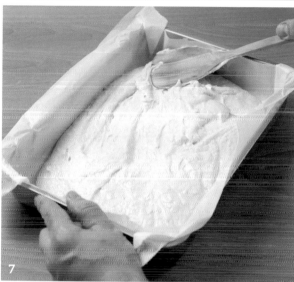

5. Añade los huevos y bate hasta que estén del todo incorporados.

· ·

6. Por último, añade la harina suavemente con una cuchara, sin revolver mucho, solo mezclar.

· ·

7. Forra un molde metálico de unos 25 x 30 cm con papel de hornear y llénalo con la masa.

· ·

8. Espolvorea con azúcar y canela. Hornéala durante unos 50 minutos.

Variaciones

Siempre es difícil hacer variaciones de clásicos sin ser tachado de hereje, pero en tu cocina mandas tú. Para una bica marmolada, divide la masa en dos partes y echa en una de ellas 4 cucharadas de cacao en polvo. Después mezcla las dos masas con una cuchara revolviendo muy poquito. Si puedes conseguir frutas rojas, añádeselas. Incluso podrías añadirle zumo de fresas o arándanos... ¡Una bica rosa! El maíz es muy tradicional en Galicia. Puedes sustituir parte de la harina de trigo por harina de maíz. ¡Verás qué sabor!

TORTAS DE ACEITE

Alma

He de confesar, querido lector, que, pese a la antigüedad de este dulce tradicional andaluz, yo no lo había probado hasta hace muy poco. Fue cuando recibí la recomendación de mi suegro, Antonio, un gran amante de las tortas de aceite, cuando las probé. Deliciosas, crujientes y acarameladas, con sabor a anís. Me quedé enamorada de su sabor y no he cejado en mi empeño hasta dar con la receta perfecta para prepararlas en casa. Estos dulces, que llevan desde tiempo inmemorial en las cocinas de las abuelas andaluzas y que beben de la influencia de las tres culturas, son hoy día mundialmente conocidas. ¿Quién no ha oído la historia de Inés Rosales, aquella sevillana de Castilleja de la Cuesta, que allá por 1910 sacó las tortas del anonimato de su cocina y comenzó a venderlas en un cruce de caminos de La Pañoleta y en la estación de trenes de Sevilla, transportándolas en canastos de mimbre? En pocos años eran famosas en toda España, y dieron lugar a «Las Legítimas y Acreditadas Tortas de Aceite de Inés Rosales». Pues bien, hoy quiero que seáis vosotros Inés Rosales por un día y que comprobéis que preparar este dulce tradicional es muchísimo más fácil de lo que podría parecer. Su textura y su sabor harán las delicias de todos los que las prueben. A mí, con un solo mordisco, me trasladan directamente al sur, donde tantas veces las he tomado cuando he estado de visita. Para conservarlas, te recomiendo una lata de galletas: seguirán crujientes muchísimos días.

— Ingredientes —

Para 30 piezas

112 g de aceite de oliva
la cáscara de ½ limón
1 cucharada de anís en grano
170 g de agua
450 g de harina de fuerza

½ cucharadita de sal
8 g de levadura de panadería seca
50 ml de licor de anís dulce
50 g de azúcar blanco + azúcar para decorar
1 cucharada de ajonjolí (opcional)

Variaciones

• **Tortas de naranja:** Prescinde del ajonjolí y el sésamo de la receta original. Sustituye el anís por agua y la cáscara de limón por cáscara de naranja. Incorpora a la masa 1 cucharada de agua de azahar y 1 cucharadita de naranja confitada, finamente picada, cuando mezcles los líquidos con la harina.

• **Tortas de limón y canela:** Suprime el ajonjolí de la receta original. Sustituye el anís por agua. Incorpora 1 cucharadita de canela a la harina y otra al azúcar de rebozar las tortas.

1. Calienta un poco el aceite con la cáscara de limón y los granos de anís para que absorba los aromas.

. . . .

2. Se trata de infusionarlo y no debe calentarse en exceso. Retíralo del fuego y resérvalo.

. . . .

3. Una vez tibio, retira la cáscara de limón y añádele el anís y la levadura seca.

. . . .

4. Incorpora también el azúcar blanco. Remueve muy bien.

5. Finalmente, vierte también el agua hasta que todos los ingredientes líquidos estén bien mezclados. En este momento puedes añadir el ajonjolí si quieres incorporarlo. Si prefieres preparar alguna otra opción, fíjate ahora en las variaciones y añade los ingredientes indicados.

6. En otro bol, mezcla bien la harina con la sal, incorpóralas a los líquidos previamente mezclados y remueve bien hasta conseguir una masa firme y no pegajosa. Al principio te aconsejo utilizar una espátula o una cuchara de madera para no pringarte tanto con la masa.

7. Si hay niños en casa, este es el momento idóneo para que comiencen a ayudarte. Antes no te lo recomiendo, porque siempre que hay que calentar aceite; aunque sea poco, es mejor que los peques no estén cerca. Ahora pueden poner ya las manos en la masa.

8. Amasa dentro del propio bol, hasta que la masa se vaya poniendo elástica y homogénea. Verás que como tiene bastante aceite no se te pega a las manos. Cuando la masa esté lisa, cúbrela con papel film.

9. Déjala alrededor de 1 ½ hora, o hasta que doble su volumen. Para mejorar la fermentación, yo suelo meter las masas en un cajón del armario junto a un bol con agua recién hervida; eso hace que suba la temperatura y le aporta humedad, que viene muy bien.

10. Una vez que la masa ha crecido, precalienta el horno a 220 °C y prepara varias bandejas de horno con papel de hornear. Además, echa en un plato una buena cantidad de azúcar, que te servirá para decorar las tortas cuando las hayas formado.

11. Divide la masa en porciones de 30 g. Salen muchísimas, así que mientras trabajas con unas es mejor proteger las otras con papel film o con un paño para evitar que se les forme costra o se sequen.

12. Toma cada porción, haz con ella una bolita y después extiéndela con un rodillo hasta que quede bien fina. Al tener tanto aceite normalmente ni siquiera se pegan a la mesa de trabajo. Pide a los peques de la casa que te ayuden e intentad que queden lo más redondas posible.

13. Cada vez que tengas lista una torta, pásala por el azúcar y presiona hasta que se quede pegado.

. . . .

14. Repite la operación por el otro lado también. Es importante que no haya ni un rincón sin azúcar.

. . . .

15. Coloca las tortas espaciadas sobre las bandejas de horno con papel de hornear.

. . . .

16. Hornea unos 8-10 minutos, vigilando de cerca que no se quemen.

Más ideas

• Tomillo y romero: Prescinde del azúcar y las semillas de anís de la receta original. Incorpora a la masa 1 cucharadita de ajonjolí, otra de romero picado y otra de tomillo. En el paso final, en lugar de pasarlas por azúcar, limítate a espolvorear por encima un poco de flor de sal.

• Ajonjolí, anís y sal: No uses el azúcar de la receta original. Añade 1 cucharadita de ajonjolí. En el paso final, en lugar de pasarlas por azúcar, limítate a espolvorear por encima un poco de sal gorda.

ROSCÓN DE VAINILLA Y NARANJA

Ibán

El roscón de reyes es una de las piezas de bollería más especiales, posiblemente la que más gente espera durante todo el año; es un dulce que crea un momento mágico y único. No hay Navidades sin roscón. Hoy en día vivimos en una sociedad rica, tanto que a veces hasta nos sobran las cosas y no nos damos cuenta de que muchas piezas de bollería, con sus ricos ingredientes como mantequilla, huevos, azúcar, aromas o fruta, durante mucho tiempo estuvieron reservados a la clase más pudiente y solo se consumían en momentos especiales. Me parece precioso que en el caso del roscón rindamos homenaje a la corona de los Reyes Magos, decorada con piedras preciosas que en el roscón son de frutas escarchadas.

En esta versión he optado por cambiar un poco los aromas y añadir naranja confitada en trocitos a la masa; la naranja, combinada con la vainilla, crea un sabor fantástico.

Para conseguir un roscón extraordinariamente esponjoso y de textura aterciopelada, es importante seguir bien el orden de incorporación de los ingredientes. Sigue los pasos con atención y respeta sus tiempos.

Igual que sucede con muchas masas de bollería, la nevera puede ser tu mejor aliada. Prepara la masa el día anterior hasta darle forma, y métela en la nevera cubierta con papel film. Al día siguiente, sácala para pincelarla, decorarla y hornearla: el aroma en casa será inolvidable.

— Ingredientes —

Fermento o masa madre
100 g de harina de fuerza
60 g de leche tibia
2 g de levadura de panadería fresca

Masa final
Fermento o masa madre
335 g de harina de fuerza
60 g de leche cocida con ½ palito de canela y cáscara de naranja

15 g de levadura de panadería fresca
(5 g de la seca)
2 huevos (110 g)
¼ de cucharadita de vainilla
80 g de azúcar
30 g de miel
85 g de mantequilla
3 cucharaditas de Grand Marnier o ron
50 g de naranja confitada, cortada en trocitos
la ralladura de ½ naranja
5 g de sal

huevo batido, frutas confitadas, almendras y azúcar para decorar

1. Para la masa madre: disuelve la levadura en la leche y añade la harina. Revuelve con una cuchara hasta que se forme una pelota y deja que fermente ½ hora antes de meterla en la nevera hasta el día siguiente, o bien ferméntala 3 horas a temperatura ambiente para usarla en el mismo día.

2. Al día siguiente (si ha estado en la nevera) o al cabo de unas 3 o 4 horas, estará hinchada y olerá a todas las cosas ricas que deseamos en una masa. Queremos que el fermento tenga sabor y para eso hace falta tiempo.

3. Mezcla todos los ingredientes de la masa menos el azúcar y la mantequilla. La masa estará un poco seca, y esto es perfecto. Resiste la tentación de echar más líquido, ya que el azúcar y la mantequilla que vienen después la ablandarán.

4. Amásala 5 minutos sobre la mesa; si tienes amasadora, sigue exactamente los mismos pasos. Para ello, pliega la masa en tres pasos. Primero agarra la masa por su extremo superior.

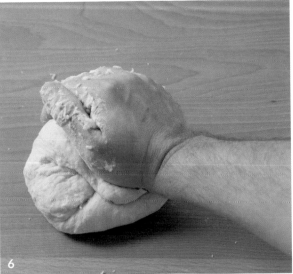

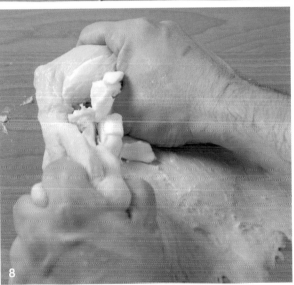

5. Después pliégala sobre sí misma con un gesto rápido y seco; no se trata de ejercer mucha fuerza, sino de desarrollar el gluten suavemente mediante técnica y destreza, ¡y seguro que lo haces muy bien!

6. Finalmente, hazla rodar sobre la mesa como si fuera un rodillo, sin apenas hacer fuerza. Repite los tres pasos hasta que lo hayas asimilado. Amasa 5 minutos, hasta que la masa esté fina y se note resistente.

7. Entonces añadimos el azúcar en dos o tres pasos. Incorpora una parte, amasa un par de minutos hasta que notes que ha desaparecido y repite hasta que esté todo en la masa. Notarás que se ha reblandecido, procura amasar hasta que esté fina.

8. Saca la mantequilla de la nevera (queremos que esté fría y dura) y golpéala con un rodillo hasta que esté blanda, pero fría. Córtala en pedacitos e incorpórala a la masa de una sola vez. Los dos primeros minutos de amasado serán un poco pringosos; pero no temas, la masa se volverá a ligar.

9. Sigue amasando hasta que la masa quede lisa y fina. Si en cualquier momento te apetece hacer una pausa, no hay ningún problema. Métela en un bol tapado y déjala reposar 10 minutos en la nevera. Cuando vuelvas a cogerla se amasará mucho mejor.

10. Una vez amasada, estírala hasta que forme un cuadrado de 40 x 40 cm y distribuye los trocitos de naranja por encima presionándolos bien. Corta la masa en dos y coloca una mitad sobre la otra. Repite el corte y ve superponiendo las capas como si fuera una lasaña.

11. Pon la masa a fermentar en un sitio tibio durante 1 ½ hora; verás que gana volumen fácilmente. No te preocupes si no dobla el tamaño; queremos que quede fuerza para que al final sea muy esponjosa y ligera.

12. Colócala sobre la mesa y haz un hatillo recogiéndola sobre sí misma; dale la vuelta y hazla girar sobre la mesa, sin harina, para crear una bola tensa. Espera 15 minutos antes de formar la rosca, ya que la masa estará muy tensa tras el boleado.

13

14

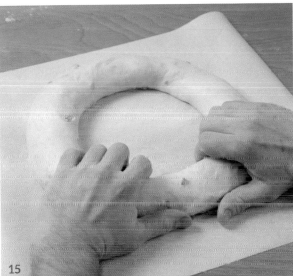

15

16

13. Haz un agujero en el centro, apretando con los dedos hasta tocar la mesa.

· ·

14. Con ambas manos, ve estirando poco a poco hacia fuera aumentando el tamaño.

· ·

15. Pásala a un papel de hornear y déjala más grande de su tamaño final. Debe fermentar 2 horas.

· ·

16. Pincela con huevo, decora y cuece a 180 °C durante 18-20 minutos, arriba y abajo sin ventilador.

Variaciones

Para el aromático más clásico, prescinde de la naranja confitada en la masa, hierve cáscara de naranja y limón en la leche y añade 1 cucharadita de agua de azahar y 1 cucharada de ron. Compensa estos líquidos extra suprimiendo la misma cantidad de leche de la receta original. En lugar de darle forma de rosca, puedes dividir la masa en dos o tres piezas, formar palos de masa con ellas y hacer una trenza; también puedes formarla como pan de molde para tener rebanadas y tostadas de roscón. Una locura.

BREAD & BUTTER PUDDING

Alma La primera vez que probé un Bread & butter pudding fue en el verano de 2008, cuando me fui a hacer un curso de historia del arte en la Universidad de Cambridge. Sinceramente, al verlo en la mesa del desayuno en la residencia, mi primera impresión no fue muy buena. A simple vista parecía que alguien hubiera apilado todas las rebanadas de pan que habían sobrado del día anterior y las hubiera cubierto con una salsa amarilla tipo natillas. Sin embargo, he de reconocer que en cuanto lo probé creí que me moría de amor. El pan estaba bien blandito por efecto de esa salsa cercana a las natillas y el toque de canela me trajo recuerdos inmediatos de las torrijas de mi madre. En ese mismo momento me hice adicta al Bread & butter pudding y desde entonces he repetido esta receta en muchas ocasiones. Además, me pareció buena idea incluirla en el libro porque soy consciente de que uno de los problemas del amor por el pan casero es que muchas veces nos encontramos en casa con cantidades ingentes de pan que ya no sabemos a quién endosar. Si ese es el caso, aquí te propongo mi forma favorita de reutilizar ese pan que nos sobra o que se nos ha quedado un pelín duro. Verás cómo hasta tu vecina, la que ya ni te abre la puerta cuando le llevas otro pan, estará encantada de probar esta variación tan dulce y apetitosa.

— Ingredientes —

Opción A
Con pasas, canela y nuez moscada

½ barra de pan
un poco de mantequilla
3 huevos
225 g de nata con 35 % MG
335 g de leche
3 cucharadas de azúcar
un puñado de pasas
1 cucharadita de canela
una pizca de nuez moscada

Opción B
Con frambuesas con vainilla

unas rebanadas de pan de molde,
sin la corteza
un poco de mantequilla
3 huevos
225 g de nata con 35 % MG
335 g de leche
3 cucharadas de azúcar
1 cucharadita de extracto de vainilla
frambuesas

1. Antes de empezar, pon el horno a precalentar a 160 °C. Corta la barra de pan en rodajas de unos 2 cm de ancho y unta cada una con un poco de mantequilla.

2. En un bol, bate la nata y la leche con el azúcar. Añade los huevos y, por último, el resto de los ingredientes. Mezcla todo bien.

3. Engrasa el molde con mantequilla para que el pan no se pegue a los lados y coloca las rodajas de modo que queden bien ajustadas. Vierte la mezcla anterior sobre el pan procurando bañar todos los trozos.

4. Se puede añadir un poco de ralladura de naranja y limón para darle un toque cítrico justo antes de dejarlo en el horno durante ½ hora o hasta que esté bien doradito.

1. Precalienta el horno a 160 °C y engrasa el molde con mantequilla. Corta las rebanadas de pan por la mitad, en triángulos, y colócalas dentro del molde con las puntas hacia arriba.

2. En un bol, bate la nata y la leche con el azúcar. Incorpora los huevos y el extracto de vainilla y mezcla todo bien. Viértelo sobre el pan con cuidado de bañar todos los trozos.

3. Una vez que el pan esté bien empapado con la mezcla anterior, reparte las frambuesas por encima. También puedes usar arándanos o moras.

4. Hornea el pudin ½ hora o hasta que esté bien doradito. Pasado este tiempo, deja que se entibie un poco y ¡a disfrutar!

DOCTOR PAN, NO SÉ QUÉ LE PASA A MI PAN. ¿ES GRAVE, DOCTOR?

Solución a los problemas más comunes del pan en casa

La masa se me pega a las manos. ¿Le echo más harina?

Sigue las indicaciones de las recetas y, sobre todo, fíjate en cómo está la masa en las fotos (fíate más de las fotos que de las cifras). Si la receta te indica que la masa tiene que ser pegajosa, respétala y no añadas más harina. Por mucho que te agobie ver la masa tan pegajosa, hay masas que son así. Si no, es como si quisieras un risotto y te quedara una paella seca. Intenta que la masa repose 10 o 15 minutos y trabájala; en la mayoría de los casos bastará con que la pliegues un par de veces sobre sí misma.

El pan no crece al fermentar

Las recetas están pensadas para casa usando la levadura que encuentras en cualquier supermercado (ya sea fresca o seca, pero nunca levadura química tipo Royal). Asegúrate de haber echado la cantidad indicada y de que no esté caducada. Si aun así no sube, la causa más frecuente es el frío; intenta que tu masa se mantenga en un ambiente a unos veintitantos grados, ni muy fría ni muy caliente. Un truco para mejorar la fermentación de las masas: mete la masa en un armario de la cocina y coloca al lado un recipiente con agua muy caliente.

Voy a cortar el pan o a manipularlo para meterlo al horno y se deshincha

Casi siempre se debe a que la fermentación se ha prolongado en exceso. Es como si hubieras cocido pasta demasiado tiempo. Es un error muy común al principio y de fácil solución: deja fermentar la masa menos tiempo.

El pan no crece en el horno

Puede ser que el pan haya fermentado demasiado antes de meterlo en el horno y ya no le quede «combustible». En ese caso, la solución es dejarlo fermentar un poco menos antes de hornear. También puede ocurrir que falte humedad dentro del horno; al encenderlo, pon en la base una bandeja de metal y, cuando esté caliente y metas el pan, vierte en ella un vaso grande de agua (por lo menos 300 o 400 g).

En el horno el pan no se abre por donde corto

Rara vez es un fallo del corte, como se suele pensar, sino debido a la falta de humedad o por exceso de fermentación. En el primer caso, intenta crear más vapor, con el sistema de la bandeja de agua del punto anterior. En el segundo caso, intenta fermentar un poco menos el pan antes de hornearlo; no todos los panes deben «doblar el volumen», como habrás oído muchas veces.

En el horno el pan se abre por debajo o por los lados

Ocurre casi siempre por falta de humedad en el horno. La solución es crear más vapor: al encenderlo, pon en la base una bandeja de metal y, cuando esté caliente y metas el pan, vierte en esta bandeja un vaso grande de agua (por lo menos 300 o 400 g). Alguna vez puede ser por un fallo al formarlo; procura trabajarlo con un poco más de tensión.

El pan queda pálido tras el horneado

Suele ser una consecuencia típica del exceso de fermentación. Si dejas que el pan fermente demasiado, la levadura consume el azúcar que hay en la masa y ya no queda para caramelizar en la corteza y dar los tonos dorados y marrones que tanto nos gustan. La solución es dejarlo fermentar menos tiempo.

La miga del pan queda muy tupida

Un error muy común al principio de tu andadura panaderil. Por suerte, es fácil de solucionar. Las causas típicas son: falta de agua en la masa (echa un poco más de agua, aunque se te pegue a las manos); falta de fermentación (deja que la masa fermente más tiempo, que se hinche más); falta de amasado (amasa más la masa; y si es un pan sin amasado, dale algún pliegue más tras un periodo de 15-20 minutos).

El pan queda húmedo por dentro

Se trata de un pan con centeno, o bien de uno integral, esto puede ser normal. Espera unas horas antes de abrirlo para comerlo y nunca lo abras en caliente. Si es un pan de trigo, puede deberse a una prolongada fermentación y ser una característica del pan (hay panes con un toque deliciosamente gelatinoso); espera un poco más antes de abrirlo. Si fuera un defecto, notarías que está un poco crudo; en ese caso aumenta el tiempo de horneado hasta que esté bien hecho.

El pan sale crujiente del horno, pero al cabo de pocos minutos la corteza se queda blanda

Suele ser muy común, pero tiene fácil solución: más tiempo de horneado y subir un poco más la temperatura. Dale otros cinco o diez minutos extra con la puerta del horno entreabierta (deja un hueco de un par de centímetros para que escape el vapor de agua y la corteza del pan se seque).

El pan se hace más por arriba que por abajo (o viceversa)

Muy sencillo. Corta una rebanada de pan; el grosor de su corteza debería ser homogéneo en todo el perímetro. Si una parte tiene más grosor, o si llega a quemarse, es que tienes que poner la bandeja de horneado más arriba o abajo. Acostúmbrate a girar los panes 180° a mitad de cocción, ya que la mayoría de los hornos no calientan igual al fondo que junto a la puerta.

He hecho uno de los panes con levadura química y se me ha hundido

Si se te ha hundido dentro del horno, asegúrate de que la harina que has usado no tiene ningún tipo de impulsor incorporado: un exceso del mismo hace que la masa suba demasiado rápido y después se hunda sin remedio. Evita abrir el horno hasta el final de la cocción; el cambio de temperatura al abrir la puerta puede hacer que se baje. Si por el contrario se te ha hundido al sacarlo, lo más normal es que esté poco hecho. Asegúrate siempre de que tu pan está hecho comprobándolo con un palillo, a ser posible uno largo, de brocheta: clávalo en el centro y si sale limpio, está listo.

He hecho el Banana bread y se me ha desbordado por los lados

Sube la temperatura del horno. Para obtener buenos resultados cuando usamos un molde de cake necesitamos que el horno tenga la suficiente fuerza para hacer que la masa suba por el centro con ímpetu y no se desborde por los laterales. Si es necesario, incrementa la temperatura del horno unos 10-20 °C para conseguir ese efecto. Lo mismo se aplica para el pan de zanahoria, y para cuando hagas muffins, aunque eso es otra historia...

¡Quiero desayunar pan de canela pero no quiero despertarme a las 3 de la mañana para prepararlo!

De acuerdo. Que no cunda el pánico. Sigue todos los pasos de la receta hasta el número 10... Sí. Coloca la masa en el molde, ya cortada en trozos, cúbrela muy bien con papel film y métela en la nevera, en la zona más fría. Al día siguiente, sácala de la nevera y deja que repose unos 20 minutos, hasta que vuelva a temperatura ambiente. Mientras tanto precalienta el horno. A continuación, hornea tu pan con total normalidad. Lo sé. Es genial. Pan de canela recién hecho para desayunar.

He dejado demasiado tiempo mi pan en el horno y está más duro que una piedra

¡Bienvenido al club! A todos nos ha pasado alguna vez. Revisa las últimas recetas de este libro y encontrarás un montón de ideas para reutilizar el pan que se ha quedado seco. Piensa que podría ser peor: podrías haberlo quemado y de paso haber quemado el mueble de encima del horno, como aquella vez que Alma se equivocó y puso el horno a 250 °C y empezó a hablar por teléfono y... ¡ejem! Es una larga historia...

Tengo más dudas y no aparecen en esta sección

No pasa nada. Nos tienes a los dos al alcance en twitter. Consúltanos lo que necesites a @ibanyarza y @alma_cupcakes e intentaremos contestarte lo antes posible.

ÍNDICE DE INGREDIENTES

Segunda edición: febrero de 2016

© 2015, Alma Obregón e Ibán Yarza, por el texto y las fotografías
© 2015, para la presente edición en castellano para todo el mundo:
Penguin Random House Grupo Editorial, S.A.U.
Travessera de Gràcia, 47-49. 08021 Barcelona

Diseño de tripa y cubierta: Meritxell Mateu / Penguin Random House
Maquetación: Roser Colomer

Printed in Spain – Impreso en España

ISBN: 978-84-03-50078-5
Depósito legal: B-21513-2015

Impreso en Gráficas 94 de Hermanos Molina, S. L.
Sant Quirze del Vallès (Madrid)

AG 00785

Penguin
Random House
Grupo Editorial